心的年齡，你決定就算數

黃揚名——著

心的年齡，你決定就算數

目錄

推薦序

需要及早準備面對老

台灣大學心理學系名譽教授
吳英璋

九二一震災重建與復健的過程中，有一項沒有明白寫在政策上卻被廣泛傳頌的目標是「要比原來更好，才對得起這麼多的犧牲」。心理與社會、社區的復健包含了從嬰幼兒到老年的各年齡層，於其中，發現多數年紀較長的人們並沒有準備好（甚至是排斥）進入老年。當時擔任醫學院院長的謝博生教授與負責老年醫學部的陳慶餘教授就他們臨床工作上的經驗也指出，這是很普遍的現象，極需改善。兩位都認為至少要從五十歲開始認識並準備「老」。然而後續的研究發現一個人對「老」的態度是從小累積形成的，年輕時對「老」的負面態度，讓他在進入「老」時，自己遂成為該負面態度的對象，變成自己討厭自己了。可見到五十歲才開始要認識「老」顯然已經遲了些，最好是讓嬰幼兒有好的與老年人相處的經驗，而在他們進入形成較穩定態度的青年期或成人前期，可以有較適當的對老的認識，不至於進入老年時，成為自己討厭的對象。

認識揚名是藉「老年」作為橋梁。了解他在這些年所做的努力，我打從心底佩服。與我相差約三十歲的他，不只是對老有深入的認識，還能夠將這些知識傳播與教導給有需要的人。他告訴我寫好了這本書，希望我寫序，我立即答應，一方面是對他的專業很有信心，另一方面是很好奇他會如何呈現有一堆學術用語的這個領域。我前後看了兩遍，大致上將前六章歸納為較適當地認識老與對老的態度，以及相對應的對老的誤解或不適當的認識與不必要的態度。這是要先讓讀者建立有利於形成「準備老與面對老」的觀念，有好的觀念，學習的進行較事半而功倍。七至十二章是「準備老與面對老」的實際手段，每一項都有具體的原則說明與進行方式，讓讀者方便學習。讀完後，對揚名的佩服又增加了好幾成。我認為這本書不只是對即將進入「老」的人們很有幫助，也對準備建立完整人生態度的年輕人很有幫助。

推薦序

心的年齡決定新的年齡

國立陽明大學高齡與健康研究中心教授兼主任
臺北榮民總醫院高齡醫學中心主任
陳亮恭

「老」一直是從事高齡醫學的人一個重要的命題，就生理上而言，每人每年都是增加一歲，這個年齡逐漸增長的過程稱為aging，但台灣普遍將aging翻譯為「老化」，而日本翻譯為「加齡」，中國大陸則翻譯為「增齡」。這是少數我覺得中國大陸的翻譯比台灣好的例子，歲月的增長是個中性的敍述，但歲月的增長是否意味著一定走向老呢？這是極有爭議的敍述，也可能帶有某種程度的社會烙印。

無可厚非，伴隨著歲月增長，各種生理功能逐漸退化，但若無病理性的因素，這些正常的老化過程所帶來的身心功能退化都不會造成器官衰竭或是失能，這是必須釐清的現象，也是要破除老所帶給人的傳統印象。

黃揚名老師的大作《心的年齡，你決定就算數》彙整了非常多相關領域的資料，把人們面對年齡增長所帶來的挑戰做了很清楚的論述。更重要的是，本書提醒大家心可能比身體老得快，未被發現的原因是因為心的老化較難被察覺，這提醒了大家面對年齡增長過程當中的挑戰，因為心態的變化可能不由自主地變成大家面對人生的典型反應，而影響了我們面對人生的態度。

世界衛生組織推動的健康老化的基本目標是維持身心功能的獨立自主，伴隨著健康老化的策略日漸成功，我們的人生也逐漸延長，而且是健康的延長。這個現象固然是國家社會的成功，但也帶來全新的挑戰，一個健康而長壽的人生如何能充滿生命的喜悅變成一個很大的課題。近年來，歐洲許多報告指出，高齡長者雖然身心健康，但生命中深沉的孤寂卻變成揮之不去的陰影，這些健康長者仍期待具有完整的生活與生命，期待受到社會重視與關注，更希望能夠實際參與社會並且扮演自己的積極角色，然而，已老的心境卻限縮了他們參與社會的能力。

黃揚名老師的新書對每個人的人生做出很多提醒，思考人生在年齡增長過程中的重要關鍵，特別是覺察個人心理上的變化，並且掌握重要的因素來免除年齡增長對於心理與身體的影響，讓老不再是充滿負向的指標，而且我們可以自我察覺與自我掌握，讓每個人的人生更為圓滿。

作者序

自從我創立「銀髮心理科普知識推廣」以來，陸續接獲書商邀約，希望可以幫他們寫書，不過我一直很猶豫，一方面因為時間有限、文筆又不是特別優美，另一方面則是擔心，到底誰會看到這本書？我很清楚知道，如果哪一天我要寫一本跟老有關係的書，那這本書一定不會是一本教科書，因為我覺得寫教科書太耗費精神，而且能夠觸及到的讀者又比較有限，是CP值很低的一項任務。

在台灣，越來越多出版社都出版了與老有關的書籍，多數脫離不了養生保健、失智症照護等題材，很少為了鼓勵大家優雅老化而出書，太雅出版社的熟年優雅學院是少數這麼做的例子。還記得第一次去拜訪芳玲總監的最後，我跟她說了一句話：「謝謝你們為了台灣中高齡者做的一切。」我是真心這樣覺得，因為多數的我們真的不知道該怎麼老、怎麼面對不再年輕的自己，特別是在心有餘而力不足的時候，要怎麼幫自己打氣，讓自己可以再次昂首闊步。

在參加了熟年優雅學院第二次的年會之後，芳玲總監說了：「教授，明年就排你一個場次演講囉！」當時吱吱唔唔地回應了，不過總監很認真地安排了編輯的會談，然後三不五時意見交換，再加上好一些時間四處寫作，總算把拙作完成了。

雖然在開始寫書後，對於類似的書籍都很敏感，也很容易打退堂鼓，不過這些看似相關的書籍，也幫助我自己釐清我想跟大家分享的究竟是什麼！就有如三年多前開始經營「銀髮心理科普知識推廣」一樣，我最希望的就是讓大家可以因為心理學的發現而受惠。人變老，不是只有生理上的老，心也是會老的，該怎麼幫大家準備好面對心的老，是非常重要的一個課題。希望這本書是一個開端，讓大家開始留意到自己的心也會變老這個事實，我們一定會再見面的，我相信。

第一章

CHAPTER 1

老的奏鳴曲

每過一次生日，我們法律上的年齡就增加了一歲。在年紀輕的時候，我們會把這個過程叫做「長大」一歲，長輩們會告訴我們，長大一歲要更懂事喔！隨著逐漸長大，到了某一個時刻，我們不再用「長大」來形容年紀的增長，而是用「變老」，或好聽一點則用「變成熟」來形容每年增長一歲這件事情。不僅是中文，在英文中也有對應的詞彙，grow up（長大）和grow old（變老）。

為什麼人們會用不同的詞彙來描述年紀增長這件事情呢？一個說法是，從小孩轉變為大人的過程和從中年人變成老年人的過程是不同的，所以只好使用不同的詞彙更精準地描述年齡增加這件事情；也有一種說法認為長大被視為一個因為年齡增加而帶來正面積極的改變，而變老則是一個因為年齡增加而帶來的負面改變。不論你採信哪一種說法，我們都無法否認「長大」和「變老」是兩個不同的概念。

不過很有意思的是，當人的平均餘命只有四十歲的時候，我們很容易會把三十五歲後的年齡增長稱為變老；可是當現在平均餘命有八十歲的時候，我們會怎麼稱呼三十五歲以後的年齡增長呢？

怎樣算老？

關於老這件事情，若只用客觀的歲數來看，真的是很不公平的做法。事實上，一些國家對於老的定義（例如對於起領退休金的年齡限制）也逐年在調整，顯示「老」這樣的概念是需要隨著時代改變的。唐代詩人杜甫把七十歲稱作古稀，如果杜甫出生在現代，他肯定不會這樣說。從一些統計數值都可以發現，現在七十歲以上的人其實相當多，而且百分比會逐年增加。

那人們自己的感受又是怎麼樣呢？前幾天家母有感而發地說，以前會覺得六十幾歲的人很老，但現在自己到了這個年齡又會覺得其實也不算老。美國退休人員協會（American Association of Retired Persons, AARP）在二〇一四年的調查也反映了這個現象，他們在一份問卷調查中詢問不同年齡層的人到底幾歲算是老，得出的調查結果是：

四十多歲的人說：六十三歲算老

五十多歲的人說：六十八歲算老

六十多歲的人說：七十三歲算老

七十多歲的人說：七十五歲算老

從這份調查可以發現，人們對於老的念頭會隨著自己的年齡而有所改變，也可以說人們普遍都不認老，只有七十多歲的人會覺得自己算是老的族群。在二〇一六年，AARP推出了一個小計畫，他們問二、三十歲的年輕人：「你們覺得幾歲算老？」然後請這些年輕人模仿老人做一些動作，例如過馬路、滑手機、做伏地挺身等。不少年輕人回答只要四、五十歲就算老，他們模仿起老人的動作也都愚蠢地好笑，大部分都是很誇張的慢動作。

之後，AARP安排這些年輕人和一些所謂的「老人」面對面互動，年輕人和老人都必須帶著對方做一些動作。想當然爾，這些年輕人發現這些老人跟他們想像的完全不一樣，有些年輕人甚至沒辦法完成這些老人可以完成的動作。最後，他們再次詢問年輕人覺得幾歲算老，每個人的回答都和一開始有了明顯的改變，回答八、九十歲的也大有人在。

雖然我們可以說服自己：我沒有老、我不是老人。但是我們沒辦法騙自己的是：我比多數社會上的人都還要老，畢竟真相是殘忍的。如果你身在美國，三十七歲就是這條分水嶺，有一半的人口比你年輕，也有一半的人口比你年長（根據美國二〇一四年的人口資料）。

根據國發會的推估資料，二〇一六年的台灣，分水嶺是四十歲，也就是說當你四十歲的時候，有一半的人口是比你年輕的，而有一半的人口是比你年長的。

不知道此時四十歲的你，看到這個數據的感受是什麼？是頓時覺得眼前一片黑暗，因為自己的年齡已經默默超過了一半的人口？還是你感到心情大好，因為有一半的人比自己還要年長？不需要調查，我就可以大膽地說這兩種人都有，有些人還不到三十歲就覺得自己很老了，有些人則是過了知天命的歲數還覺得自己是永遠的十八歲！這個現象反映了一件事情：到底你算不算老，只有你說的才算數！

你的老化奏鳴曲開始演奏了嗎？

既然「老」是每個人主觀的感受，那屬於你的老化奏鳴曲開始演奏了嗎？到底什麼時候會讓人們覺得自己老了，不再年輕了呢？有些小孩子不懂「變老」的意涵，會嚷嚷著自己變老了，真是讓人哭笑不得。如果連個六歲的孩子都說自己變老了，那我們這種中年大叔豈不是已經進棺材了？

有些人會覺得老是因為發覺自己的體能下降了，以前熬夜好幾天，只要補個眠，馬上又是一尾活龍，但才剛上三十歲，只要有一天熬夜，就會連著好幾天都沒精神；有些人會覺得老，則是因為開始有老花眼或是記性開始變差了；有些人則是發現自己的專注能力越來越不好，很容易分心。還有一些人平時都不認老，但只要和年輕人同台較勁就不得不承認，自己確實是老了啊！分享一個真實的故事，家父有娃娃臉，所以看起來並不太老，有一次他回家有點激動地跟我說：「今天有個小妹妹叫我爺爺，怎麼會這樣呢？」那時家父也才五十多歲，以現代人的標準，如果真的當上爺爺，還真是年輕的爺爺！這樣的故事最近也開始在我身上上演，曾幾何時我總是會場上最年輕的助理教授，一晃眼也不到十年的光景，現在有時候竟會是現場最「資深」的，這樣的感覺真的是難以言喻。

說不認老也好，或是自己真的還沒有老也好，除了體力稍微變差、記性越來越不好之外，我覺得自己的老化奏鳴曲應該還在排練中，期盼還要好一陣子才正式演出。不過這樣的念頭只能騙騙自己，老化奏鳴曲其實在我們二十多歲的時候就已經開始了，多數的人不論生理或心理上的能力，都在二十幾歲開始逐步走下坡，只是有些人比較快，有些人比較慢。

雖然說老化奏鳴曲在二十多歲就開始，但這並不表示一個人的人生高峰就出現在二十多歲，事實上多數的人都不是在這個時間點登頂。為什麼會這樣呢？生活的面向上，隨著年齡的增長與經驗的累積，會讓我們越來越懂得該怎麼做才比較容易成功，比較不會犯錯。

心智運作的面向上，雖然過了青春期之後，腦的可塑性逐年下降，但腦的彈性運作力會在四、五十歲的時候才到達高峰，也因為這機制上的特性，影響了人們心智運作的最佳年齡區段。此外，生活中經驗的累積也影響著大腦的運作，隨著經驗的形塑，在腦細胞沒有大量衰老死亡之前，腦其實隨著經驗的累積是會越來越聰明的。

即使是大家覺得最容易受到年齡影響的生理功能，也不見得是在二十幾歲的時候到達人生的高峰。因為年輕氣盛，很容易忽略對自己身體的照顧，若有特別注意飲食、保持運動的習慣，年齡絕對不是決定一個人生理狀態的關鍵因素。

總的來說，多數會把這本書拿起來看的朋友，你的老化奏鳴曲都已經開演了，與其假裝這件事還沒有發生，為何不找個位置，舒服地欣賞呢？

與其抗拒演出，不如越戰越勇

既然老化奏鳴曲已經開演了，我們能不演出嗎？有極少數的人選擇走非常極端的路，因為他們不能接受自己不完美的樣子，輕易選擇走下舞台，讓演出被迫中止。如果不是選擇走下舞台，那我們就該想辦法讓演出進行，而且是流暢地進行，一直彆扭地想閃過鎂光燈，只會讓我們和團隊的進度越拉越遠，別人也越容易留意到那慢拍的。

雖然演出已經開始，但如果能掌握每一個機會去學習，甚至重複地演練，下半場的演出我們肯定能有更好的表現。這本書最重要的用意就是希望每一位讀者都能夠：

1. 清楚意識到老化的歷程，其實早就開始了。
2. 不論年齡，都能夠幫自己多做一些預演，讓未來的演出更美好。

接下來的章節，我想帶領大家去思考「老」這件事情，我們該用什麼樣的態度去和「老」交涉，以及我們能為自己的「老」做些什麼。

本章參考資料

1. 二〇一四年美國AARP「幾歲算老？」的調查：http://bit.ly/2hOaKiA
2. 二〇一六年美國AARP「年輕人模仿老人動作」計畫影片：http://bit.ly/1SbUzZG
3. 二〇一四年美國人口結構分析：http://bit.ly/1T7AlhH
4. 二〇一六年國發會人口結構推估：http://bit.ly/2hO6wYn

第二章

CHAPTER 2

身體老得比心快？

如果要用一個圖案作為老人的象徵，你會選擇什麼？相信很多人腦海中浮現的可能是一個駝背的人，或是一個拄著拐杖的人。雖然我們都知道並不是所有的老人都會駝背，或都需要拄著拐杖，但為什麼我們還是會有這樣的刻板印象呢？答案其實很簡單：因為我們在日常生活中無時無刻不被洗腦，不論是電視中對老人形象的刻畫，或是在大眾運輸上的博愛座標誌，都把老人描繪成駝背、拄著拐杖的樣貌。

撇開這樣的刻板印象不說，從小到大，我們其實都比較容易察覺身體上的改變。舉例來說，年紀輕的時候，對於身高的改變我們甚至不需要用量的，就知道自己是否長高；到了一定的年紀，我們可能開始因為一些病痛就醫，才驚覺自己成為三高一族（高血壓、高血糖、高膽固醇）。

縱使生理上的改變是比較容易察覺的，但多數的人其實對於自己身體的改變也是不敏感的，都需要靠一些明顯的徵兆來提醒我們：身體有變化囉！就好比一位小學生，如果家中的櫃子比較低，就不會發現自己因為長高而能夠拿到櫃子上的東西，比較無法察覺自己身高上的改變。而到了青壯年，如果沒有定期做健康檢查或是跟上潮流使用記錄生理訊號的穿戴裝置，又有多少人會察覺到自己的身體已經有了變化呢？

所以，到底我們的身體是否比心老得快？這個問題的答案可能不是那麼容易回答。首先，因為人們有很大的個別差異，譬如有運動習慣的運動員，其身體上的退化可能就比一整天坐著的上班族來得緩慢。再者，除非是在同一份調查中，有同時間記錄人們的生理與心理狀態，且有長時間的追蹤，否則我們無法下結論定義身體老得比心快或是慢。

接下來，要透過研究調查的結果來幫大家找答案，看看我們究竟是身體比較快老，還是心理比較快老。

身體幾時開始老？

要斷定一個人的身體什麼時候開始老，到底該採用哪些指標呢？我們先從生命跡象來探討身體幾時老。所謂的生命跡象關乎的是一個人的體溫、呼吸、心跳及血壓。

體溫

根據美國國家衛生院的資料顯示，人的體溫隨著年齡並不會明顯的改變，但身體調節溫度的能力會隨著年齡增長而變差。高齡者不容易感覺到熱，加上他們不容易流汗，很容易會在不自覺的情形下發生中暑的現象；但高齡者的體脂肪比較少，體溫較無法被保存，所以會容易感到寒冷。

呼吸

肺部的功能從三十歲開始就會下降，不過在六十歲前的下降速度都是比較緩慢的，六十歲之後才會快速地下降。雖然從三十至六十歲的下降速度比較緩慢，但肺部功能也有所質變。最主要的改變就是在運動強度增強時，年紀越大的人越傾向透過增加呼吸的頻率來滿足身體上的需求，而不是透過每次多吸進、吐出一些空氣來滿足身體上的需求。這個現象也說明了為什麼上了年紀的人很容易氣喘吁吁，因為呼吸的形式改變了。

可是為什麼呼吸會有這樣本質上的改變呢？簡單來說有三個原因：血管變少、肺的彈性變差、與呼吸有關係的肌肉變軟弱。雖說是如此，但只要保持活躍，就能夠延緩呼吸功能的退化速度。

心跳

人們的心跳在剛出生的時候是最快的，可以達到一分鐘一百二十到一百四十次，當嬰兒在哭泣的時候，甚至有可能達到每分鐘一百七十次。但心跳的速度會隨著年齡快速地下降，一歲的時候，人們的心跳就會下降到每分鐘八十到一百次；青春期前，人們的心跳會持續下降到每分鐘六十次左右；成年後，心跳又會持續增加到每分鐘約七十五到八十次。人們的心跳雖然在六十歲以前都相對穩定，但最高的心跳率會逐年下降，每年約每分鐘下降〇．八次。

心臟運作的關鍵除了心跳的次數之外，每次能夠打出多少血液是另一個重要的指標。有別於心跳次數，每次能夠打出的血液量從二十五歲起就會開始下降，目前已有的資料顯示，到八十五歲為止都會持續下降，且下降的血液量最多可達到人在高峰時期的三成。

血壓

隨著老化，血液中的成分會有所改變，而導致血管壁的彈性變差，造成血壓上升。血管壁彈性的改變也增加了心臟的負擔，左心室的厚度增加可能會導致舒張壓（注1）上升。除了血壓上升之外，老化也會造成身體比較不能夠自己調節血壓，例如不少老人會有起立性低血壓，就是因為身體無法快速因應身體狀態改變，所造成的暫時性血壓下降。

除了上述四個生命跡象的指標外，還有其他的生理狀態也是隨著年齡會有所變化的。

肌肉

其實除了猛男的六塊肌之外，不論胖瘦，身體內都有肌肉的存在，如果缺少了肌肉，身體器官及內臟的運作就會發生很大的問題。那對一般人來說，肌肉的退化大概是幾歲開始的呢？其實二十五歲開始肌肉就會持續地減少，到了五十歲以後，肌肉減少的速度會更加劇，八十歲的時候，人們的肌肉量約僅剩下高峰時期的一半。

骨骼與關節

人們的骨頭質量從二十幾歲開始就逐漸下降，一生從高峰到臨終時，可能損失緻密骨百分之三十五和海綿骨百分之五十（注2），女性的狀況又較男性嚴重。此外，骨頭內的膠原蛋白會隨年齡的增加而逐漸失去彈性，後果就是骨頭的強度變差，容易發生骨折的現象。除了骨骼之外，關節軟骨的表面也會隨年齡增加而逐漸變得粗糙，軟骨的強度變差、水分含量減少，組成成分也會有所改變。

身體組成

人體的肌肉含量在二十五到三十歲時到達高峰，之後肌肉量會逐年下降，脂肪則會逐年增加。事實上，身體組成當中，只有脂肪會隨著年齡而增加，其他的成分都是隨著年齡而下降的。一部分和賀爾蒙的改變有關係，一部分則和人們的基礎能量代謝率逐年下降有關係。脂肪除了量的增加之外，質的部分也有所改變，會有較多的脂肪累積在腹部。而多數的人到了七十歲之後，因為進食的量較少，加上賀爾蒙的變化，體重都會逐步下降。

從這些數據看來，身體的老化其實沒有想像中地早，除了一些功能是二十五歲起就會走下坡，多數的生理狀態在六十歲之後才會快速地退化，很多證據也都顯示只要保持活躍、有運動的習慣，就能延緩生理狀態的老化。此外，多數的生理狀態都有所謂性別上的差異，女性又因為會經歷經期停止的現象，生理狀態隨著年齡的變化也會更有變異性。

心理幾時開始老？

心理上的改變本身就不及生理上的改變，所以多數人對於怎麼判定心理老化更是沒有太多的頭緒。不過很有意思的是，如果問老人他們生活上有什麼困擾，最常被提到的有：記性不好、老花眼、重聽，都和心理狀態有關，難道這些改變都是突然在老年才發生的嗎？

從我自己的例子來說，我非常肯定記性不好絕對不是老了才突然發生的，而是從二十多歲開始就一路慢慢下滑，如果你在竊笑，那表示我們可以當好朋友。我曾經在一個場合中，還被夥伴戲稱：「該不會是你們這些做老人研究的，因為太常和老人相處，所以記性都變得跟老人一樣差？」這說法讓我一時之間難以反駁，一方面我知道這絕對是有可能的（後續章節我會說明），另一方面我又覺得自己的記性不佳和老人的記性不佳，背後的成因可能是不同的。扯遠了，讓我們從各個面向來思考心理的老到底是什麼時候開始的。

感官能力

雖然老花眼、重聽是長輩們覺得老化較大的困擾之一，但在老花、重聽之前，難道我們的感官能力都沒有退化嗎？以聽覺為例，其實隨著年紀的增長，對於高頻率聲音的處理就會越來越差，而且這個退化的現象在青春期後就開始了。如果你不相信自己的聽力持續在退化，可以去做專業的檢測，或是自己找不同頻率的聲音來測試。倘若你很想知道自己聽力如何，又不懂那麼多專業的術語，那就請你到YouTube網站上搜尋「高頻聽力測試」（注3），影片中會播放不同頻率的聲音，你可以檢測自己可以聽得到哪些頻率的聲音。雖然人們從青春期起，對於高頻聲音的處理就會逐漸變差，但如果考量對於聽覺資訊的理解程度，則會發現即使到了六十五歲，甚至七十歲，聽覺理解能力仍不太會受到年齡的影響。

除了人們能夠聽到的聲音頻率會受到年紀的影響之外，另一個會影響聽力的原因就是將聲音聚集的機制。我們之所以能夠聽到聲音，都是因為聲波的震動被聚集在耳朵，震動了鼓膜，進而引發一連串的活動所造成的。隨著年紀的增長，物理性的震動會退化，導致長輩必須在聲音的振幅較大的時候，白話一點的說法，就是音量較大時，才能夠察覺聲音刺激的存在。

另外，因為我們生活周遭的環境是瞬息萬變的，如果不能在有限的時間內完成訊息的處理，就有可能遺漏了環境中的重要訊息。例如，講手機的過程中，想要把對方念出的訊息記下來，但因為自己速度太慢，導致最後只聽到前面的，沒聽到後面的內容。所以在討論感官能力的時候，實在無法把反應速度排除在外。若參考很常用的魏氏成年智力測驗指標，會發現從三十歲開始，反應速度是持續下降的。

以上雖然僅以聽覺為例子來說明，但大家可以發現，當我們要討論一個心理機制的運作時，牽涉的層面是比較廣泛的，也必須要有比較細緻的區分才能知道哪個環節出了什麼狀況。也因此，在談論老化對心理的影響時，我們需要更仔細地去檢視究竟是哪個部分出了問題，才有可能提出最有效的解決方案。

記憶

相較於感官能力的退化，記憶的退化應該是大家會比較有感覺的，但你知道記憶類型有很多種嗎？不知道也沒有關係，因為基本上幾乎所有類型的記憶都會隨著年紀而退步，根據現有的紀錄顯示，人們的記憶能力從二十歲開始就會持續退步，至少到八十歲（尚未有九十歲以上族群記憶表現的大樣本研究調查）都是持續退步的。

雖然說從各年齡層平均的記憶表現來看，人們的記憶表現從二十歲開始就持續退步，但人們的個別差異很大，有些老人的記憶能力和年輕人是不相上下的，除此之外，記憶退化的現象也不是對於所有需要記憶的元素都會造成影響。這聽起來有點抽象，但請大家試想，若你參加了一場婚宴，你會保留哪些記憶？當天的天氣、一起參加婚宴的人、婚宴上的餐點等等的資訊，還是你其實只記得參加了一場婚宴？過去的研究發現，老人對於事件的主軸本身（以這個例子來說就是參加一場婚宴），其實有不錯的記憶表現，甚至和年輕人不相上下；但老人對於事件的細節（其他關於婚宴的細節），記憶表現就遠不及年輕人。所以，若說記憶會隨著老化而退化，其實是有點過於草率了。

另外，值得省思的一件事情是：科技的發展造成人們越來越不需要記事情。相信多數的人每天都會用google搜尋資訊很多次，雖然部分是搜尋自己不知道的資訊，但想必也有不少朋友會搜尋自己應該知道，卻一時想不起來的資訊，搜尋的便利性讓我們越來越不需要記憶，反正拍照存檔或是之後搜尋一下不就得了？這樣的行為改變也會影響到下一個世代的心智能力，特別是記憶的能力。如果有研究者在現階段做跨年齡層、大規模的記憶能力篩檢，很有可能會發現記憶表現不是隨著年齡而持續退化，反而可能呈現倒V的曲線，就是隨著年紀增長會持續進步，但過了一個年齡之後又會逐漸退化。

反應速度

老人動作比較慢也是一個大家容易有的印象，但究竟從幾歲開始我們的反應速度會變慢呢？很遺憾的，從目前已知的證據也顯示人們的反應速度是從二十歲開始就一路下滑，年紀越大，反應越慢。不過，告訴大家一個好消息，反應速度大概是所有心智能力中，最容易因為訓練而進步的能力，所以只要持續訓練自己的反應能力，就不用擔心隨著年紀的增長，自己的反應速度會變慢了。

另外，再告訴大家一個好消息，有研究發現，若排除肢體移動的因素，其實老人心智運作的反應速度和年輕人並沒有顯著的差異；也有一個說法是，老人的心智因為乘載較多的資訊，所以處理速度上就是會比較慢，而這件事情和年齡的增長並沒有關係，真正的關鍵是乘載訊息量的多寡。綜合這兩項證據，我們可以大膽地推論，老人雖然動作會變慢，但老人心智運作的效率其實並不會比年輕人差。

邏輯推理

很多人認為老人的邏輯推理能力一定超差的，否則怎麼會做出一些不合宜的決定，那麼容易被詐騙集團騙走一生的積蓄？然而，因為每個世代的成長背景不同，在同一個環境下，所感受到的也會有所不同，自然會有不同的決策判斷基準。如果只因他們選擇的不是客觀角度上的最佳選擇，就認定他們的邏輯推理能力不佳，是非常不恰當的。

在英國二〇一六年六月脫歐公投結果揭曉後，就有一群支持留歐的人抨擊說，都是那些無知的老人做了要脫歐的決定。（十八到二十四歲僅有百分之二十七支持脫歐，但六十五歲以上有百分之六十支持脫歐。）從我的觀點來看，我會覺得年齡並不是關鍵因素，真正的關鍵是到底那個人是否有因為加入歐盟而受惠。英國學術圈普遍支持留在歐洲，因為加入歐盟後，英國的學術研究經費大幅提升，研究人員的交流也更為普及，在這樣的情況下，怎麼會有人選擇脫歐？反觀對已經退休的老人來說，基本上不會因為加入歐盟而受惠，反而面臨歐洲移民增加，造成社會福利的排擠效應。如果真的要評論英國老人的邏輯推理能力，我覺得他們的邏輯推理能力並沒有比年輕人差！

所以下次遇到與自己意見相佐的長輩時，先不要急著說他們的邏輯推理能力有問題，有可能只是大家側重的角度不同罷了。在台灣，不少長輩會幫忙帶孫子，長輩會覺得孩子哭了就應該要去處理，而不是讓孩子哭到沒眼淚了，等到時間到了才去理會他們；若晚輩正好是「百歲醫師」的信徒，就會認為寶寶必須定時、定量，不可以哭了就抱起來哄。在這個例子中，雙方其實各有各的道理，並不是醫生說的就一定是對的，因為孩子如果發現哭泣沒有人理會他們，反而可能會產生挫折、習得的無助感，其實對親子關係是更不好的。雖然我自己在育兒的想法上難免也會和長輩有不一致的狀況，但只要當時是長輩負責照顧，我就會照他們的規則，不去爭辯誰是對的、誰是錯的。

在已知的數據中，年長者的邏輯推理能力是否有所退化呢？多數的研究結果發現，人們邏輯推理的能力並沒有隨著年齡的增長而有大幅度的退化，有研究甚至發現邏輯推理能力的高峰期是在五十多歲！換言之，老化對於邏輯推理能力並沒有太大的影響。那為什麼我們會覺得老人比較容易做出不恰當的決定呢？

除了先前提到的人生經驗、看事情的觀點不同之外，造成老人容易做出錯誤決定的原因，其實是因為他們比較容易受到干擾，特別是無關訊息的干擾。以最常發生的老人詐騙為例，很多老人雖然知道這應該是騙人的，但當他們以為自己聽到的哭聲是自己孩子、孫子的哭聲時，拯救他們絕對是第一要務。也因為這樣的心態，讓他們很容易成為詐騙集團眼中的肥肉啊！

情緒處理

除了以上比較和「冷」心智運作有關係的心理運作之外，我們也要談談所謂的「熱」心智運作——情緒。國外的研究普遍發現老年人會有所謂的正向處理偏誤，也就是說他們對於帶有正向情緒的刺激會有比較快、比較好的處理。關於這個現象的成因，有些研究者認為和年長者想要維繫自己的心情狀態是有關係的，因為年紀越大，情緒控制的能力越好，所以知道要避免處理會讓自己不開心的事情，專注在處理會讓自己開心的事情。

當然講到這裡，大家會開始懷疑，真的是這樣嗎？普遍的刻板印象是年長者很固執、容易動怒，和這裡所謂的正向處理偏誤應該是不吻合的吧？其實不盡然，因為正向處理偏誤比較是針對情緒的辨識，而非情緒的產生，兩者的機制不是完全一致的。

另外，也有一些研究發現正向處理偏誤有跨文化的差異，在華人年長者身上就不一定能看到這樣的現象。甚至有研究發現華人年長者會傾向注意負向情緒的刺激，因為負向情緒刺激若不妥善處理，反而會對年長者的心情造成更大的影響。舉個例子來說，長者通常會比較在意禮俗，擔心自己失禮了會讓對方不愉快，所以都會再三叮嚀晚輩們，拿了別人的好處就要記得感謝，並要適時地回禮。雖然華人長者關注的是負向情緒的面向，但這與西方長者關注正向情緒的面向背後的原則是一樣的，都是為了保持自己的心情愉悅所預先做的情緒調節。老人對於權威的順從態度也是很重要的影響，所以有不少詐騙的手法會佯稱是檢察官、警察等，就是藉由老人對權威人士的順從來獲得好處。

年齡除了對情緒處理的偏誤造成影響之外，研究也發現大腦對於情緒的反應會隨著年齡而有所改變：情緒處理的核心區域杏仁核，在青少年到青年時期對於情緒的處理會有最強烈的反應，之後，杏仁核的活化程度就會逐步下降。但活化程度的下降也不盡然就是情緒處理的能力變差，這點是大家必須特別注意的。

情緒控制是另一個會受到年齡影響的情緒處理歷程，大家會認為年輕人情緒控制比較弱，因為歲月會讓人們更懂得調節自己的情緒。功能性磁振造影（注4）的結果基本上也支持情緒控制會隨年齡變好的論點。中年人在面對負向情緒的時候，大腦的額葉活化程度較青少年高，顯示有較佳的情緒控制的能力。不過，大腦與控制功能有關係的區域，卻會隨著老化而逐步衰退，相對會影響到老年人的情緒控制能力。

我們的心其實比較早老

從上述提到的資料可以發現，我們的心其實老得比較快，除了少數的能力比較不會受到年齡的影響之外，多數的心理能力都從二十歲左右開始走下坡。

那為什麼我們對於身體的老比較有感，對心理的老比較沒有感呢？最主要原因就是身體老化所造成的影響是比較大的，當然也不是說心理老化的影響很小，只是心理老化對人實質的影響並沒有那麼大。另外，心理老化所造成的影響比較容易找到解決的方法，例如記性變得不好，就用記憶輔助的工具來協助記憶，但若心臟越來越沒力了，一般人可是比較束手無策的啊！

再者，心理運作是很有彈性的，當某項心智運作受到阻礙時，人們會自動地啟動別的方式來達成目標。舉例來說，當我們發現自己沒辦法記下別人的電話號碼時，我們就會不停地反覆覆誦，不論背記或是覆誦，兩種做法都能使我們成功地保留別人的電話號碼，而且至少會保留一段時間，即使背後運作的機制是不同的。若僅依靠研究來了解人心理的年齡，也許不太準確，因為當研究者在檢核人們的心智能力時，通常會避免受測試者採用其他方式來完成任務，導致研究結果往往低估了人們在真實生活中的心理運作能力。

所以，要說心老得比較快，或許還有那麼點不確定性呢！

有的人心老得快，有的人身體老得快

到底心是否老得比較快都還有爭議，而是否所有的人都以同樣的形式老化，也是另一個值得討論的議題。不論是從生理或是心理的面向來看，人們老化的情形都會受到經驗的影響。運動員因為經常性的運動，生理上的老化速度明顯較慢。工作型態比較需要耗費心力的人，心理能力的退化也會明顯比較慢，例如出版社的編輯，能力退化肯定比一般人慢很多，因為需要幫作者找錯字、改善句子的流暢度，還需確認是言之有物的內容。（遇上我這樣的作者真的是編輯的福氣，可以大大減緩自己退化的速度！）

除了後天的影響之外，有些先天的因素也是影響老化的原因，不論在人體或是動物研究上，都陸續發現某些基因型態會影響老化的速度。最近就有研究發現拉丁裔人老化的速度比起白人、黑人都來得慢，其中一個因素就是基因造成發炎反應的差異所造成的。

不過沒有長壽基因也不需要太難過，因為後天的影響比先天的因素更重要，除非罹患某些會快速老化的罕見疾病，例如罹患早年衰老症候群（Hutchinson-Gilford Progeria Syndrome）的人，很少活超過十三歲。否則，若想要自己不要老那麼快，就多下點工夫，為身心儲備成本吧！

注1：心臟收縮時，送出的血液所加諸在動脈管壁的壓力。

注2：緻密骨和海綿骨是骨質的成分，骨質又是骨的主要組成。緻密骨（compact bone），是由排列緊密的圓筒狀骨板和骨細胞所構成，有很強的抗壓和抗扭曲力。海綿骨（spongy bone）則是由許多針狀或片狀的骨小梁的骨質互相交織而成，骨小梁的排列會按照壓力和肌肉拉扯的方向變化而適應性改變。

注3：「高頻聽力測試」影片：http://bit.ly/2iePOSS

注4：功能性磁振造影（functional magnetic resonance imaging，fMRI）是一種新興的神經影像學方式，其原理是利用磁振造影來測量神經元活動所引發之血液動力的改變。

本章參考資料

1. 老人的生命跡象改變：http://bit.ly/2ieKOhc
2. 骨骼與肌肉的老化：http://bit.ly/2i8ohVd
3. 老人生理變化與檢驗數據判讀：http://bit.ly/2iejWt9
4. 成人聽力變化：http://bit.ly/2iFasyX
5. 種族、性別罹患心血管疾病之差異：http://bit.ly/2bVWeHw

第三章

CHAPTER 3

老到底是怎麼一回事

第二章我們討論了到底身體的老比較早發生，還是心理的老比較早發生。可是到底「老」是怎麼被界定的呢？如同多數的心理概念，「老」是很難用單一標準來精準定義的，不像「懷孕」有很清楚的指標可以定義它。在這個章節，想帶大家從不同的角度思考「老」的定義。

客觀指標的定義

定義「老」最簡單的方式，就是從官方的定義標準著手。在台灣，多數的老人福利都是以六十五歲當作一個分水嶺，年滿六十五歲時，會收到縣市政府通知可以辦理相關的手續。而這個六十五歲是怎麼定義出來的？根據美國社會安全局（Social Security Administration）的資料顯示，德國是最早開始實施退休制度的國家，當時的考量是讓無法繼續工作的人能夠有辦法繼續過活，不過一開始德國是把這個年齡定在七十歲，後來才改到六十五歲。美國在一九三五年制定國家退休金制度前，有一半的區域是定在六十五歲，一半的區域定在七十歲，最後考量管理的便利性以及稅務的面向，把退休年齡定為六十五歲。

其實把六十五歲定義為老並不是一個放諸四海皆準的標準，根據國際衛生組織（World Health Organization）網站上的資料顯示，多數已開發國家確實是以六十五歲當作一個分水嶺，而聯合國本身則傾向把標準定在六十歲，不過即便以六十歲作為標準，還是會遇上一些問題，因為一些非洲國家對於人的出生日期並沒有詳細的記載，這些國家通常是以一個人的衰弱程度來當作「老」的定義。

因為有這些變異性，聯合國傾向把各國定義可以起領退休金的年齡，當作是「老」的定義。但這個定義的方式恐怕也還是有些困擾，例如隨著平均餘命的延長，各國都在延後退休金起領以及老人福利的年齡（見下頁）。

國家	目前退休年齡	未來的調整
澳洲	65歲	2023年調整為67歲
比利時	65歲	2023年調整為67歲
丹麥	65歲	2022年調整為67歲，2030起每5年調整1次，每次最多提高一歲
法國	65歲	2023年調整為67歲
德國	65歲3個月	2023年調整為67歲
日本	60歲	
英國	65歲（但女性目前為62歲4個月）	兩性在2018年會先調整為相同，2046年會調整為68歲
美國	66歲	2027年調整為67歲

主要國家退休金起領年齡變化表

其實不僅在定義「老」這件事情沒有一個好的標準之外，嘗試用客觀的標準來定義「人」一直都是很有爭議的。例如我們怎麼定義一個人是「兒童」？若用身高來定義，現在的孩子營養攝取充足，很多孩子的生理發展遠遠超過實際年齡；如果用年齡來定義，孩子不像大人有身分證，多數時候也不會隨身攜帶身分證件，所以很難去定義。

說起來有點慚愧，因為制定測驗標準應該是心理學家的專業。測驗開發了這一百多年似乎都沒有太好的解法，即便是眾所熟知的測驗也都有其限制，無法真實反映人的心理狀態。但也不能完全怪罪心理學家，只能說人真的太複雜了，只用一些題目就了解一個人根本就不科學啊！我能想到，針對人而做出最精細的分類，大概就是在檢核績效的時候，例如教師升等、申請特定國家簽證資格等等。然而為什麼我們會為績效檢核開發很精細的標準，其他時候卻不用同樣的做法？當然，精細的標準如果沒有正中核心，也是枉然。

根據以上的討論，如果你選擇用客觀指標來定義自己是否「老」，那真的是虧很大。這些客觀指標，充其量只能說是為了要使用一些福利時才派得上用場的，除此之外，這些指標真的是非常沒有意義。從另一個角度出發，我們是否該允許一些彈性，讓政府機構可以視狀況修正這些所謂的客觀指標呢？

在二〇一六年，有兩個受到討論的例子：一、台北市政府擬將健保補助的年齡，從六十五歲提高到七十歲。二、二〇一七年起，超過七十五歲的駕駛，需要通過認知能力檢測才能夠核發效期兩年的駕照。暫且不評估這兩項政策的制定是否符合社會的公平正義，這兩個政策都在彌補所謂客觀指標可能造成的缺失。前者修正的缺失是針對人們平均餘命的延長以及高齡者的經濟狀況，後者修正的缺失則是彌補客觀指標的缺憾，試想，如果政府決定取消七十五歲以上老人的駕照，而忽略這位老人是否還有駕車的能力，豈不是很不恰當嗎？只是，如果這些彌補的做法還是沒有切中要害，那也無濟於事啊！

主觀的定義

用客觀的指標來定義老確實有很多問題，但如果要用主觀的定義，你有想好自己會怎麼定義嗎？日前保養品業者契爾氏（Kiehl's）拍了一段影片叫做Act Your Age，他們請男女老少用跳舞的方式來跳出自己主觀的年齡。影片中有些老成的小孩，也有些不服老的爺爺，但最有意思的是最後的結語「Act Any Age!」我覺得這非常簡潔地說明了，老這件事情，你高興怎麼樣，那就怎麼樣！

主觀上要怎麼定義老，我覺得真的是很難回答的問題，因為多數的心理概念，包括老，都是一個連續性改變的概念。誠如第二章提到的，我們的生理與心理狀態從所謂年輕的時候就開始老化，那到底要怎麼界定那所謂的分水嶺呢？

前一陣子，星座專家唐綺陽（原名唐立淇）在自己的臉書上提到自己專注於占星二十三年（從二十九歲到五十一歲），藉此鼓勵大家三十歲開始也不算晚，但是大家關注的焦點都在於唐立淇半百的年紀，有些媒體甚至用「高齡」來形容這位五十一歲的星座專家，雖然唐立淇本意沒有要藉這篇貼文來認老，但也透露了她自己怎麼看待人生的各個階段，多少還是會受到社會規範的影響。

日前，我和一位大學時期的老師餐敘，她提到一件對她來說很衝擊的事情，她發現自己的學生竟然和自己的孩子同年齡了！雖然，她沒直說這讓她覺得老了。我很難想像等我自己碰上這一天到來的時候，我心裡的感受會是如何。

到底要讓人「認老」的那個點是什麼呢？我會用兩個方式來回答這個問題，第一個方式取決於是否發生一些不可逆的改變。如果發生了不可逆的改變，我就會認定自己確實已經老了。例如哪一天如果需要戴起多變焦鏡片才能遠近都看得清楚，我大概就會認老了。生理和心理的變化雖然是不可逆的，但多數都是漸進式的改變，差別只在於這樣的改變是否嚴重影響到自己的生活。換言之，每個人都可以有自己的定義標準，自己說了就算！你大可以決定，要等到自己已經連五分鐘前聽到的訊息都記不牢才算老，別人也無法辯駁，因為這就是你自己主觀決定的標準。

第二個方式與主觀的心態有關係，相較於第一個方式，這是一個比較浮動的指標，容易受到經驗、外在環境的影響。例如，你可能一直覺得自己很年輕，至少心態上很年輕，但有天卻被魯莽的小屁孩說：「老頭，你怎麼不走快一點啊？」頓時，你可能瞬間就變老了，即使心裡不願認老，大概也只有少數的人會回嗆：「你說誰老啊！阿姨可是十八姑娘一朵花呢！」

相對的，五十好幾的你若有機會去一些老人機構逛逛，看到周邊都是比自己老上至少兩輪的長輩，不論生理、心理上都比自己衰弱很多，肯定會覺得自己「還年輕」。家父的臉略顯娃娃臉，要不是頭髮斑白，其實很難看出他已經六十好幾。他曾經感慨地說，現在越來越多人在捷運、公車上會讓位給他，使他覺得自己已經變成其他人眼中的「老芋仔」。所以下回遇到要你讓位的長輩，或許可以陶侃他說：「我是看你年輕力壯，才沒有讓位給你，不過如果你覺得老得像是需要座位的老人，那麼請便。」

保持心態的年輕對身心都有好處，但若過度催眠自己還很年輕，忽略自己其實已經老了，有時候也會帶來一些傷害。例如明明記性已經不行了，卻仰賴一些輔助工具協助記憶，雖然生活機能上沒有問題，但可能當時已經失智，因為不認老而錯過了及早介入的時機。

在電影《我想念我自己》中，女主角Alice第一次意識到心智功能出狀況時，並沒有想到自己可能怎麼了，而是歸咎於前一晚貪杯，所以讓自己腦袋有點短路。直到後來，她察覺自己在生活上遇到越來越多的問題才去就醫，也才發現自己罹患了早發性的失智症。社會上其實有很多這樣的Alice，教育程度越高，平常能力又好的人，特別容易在有狀況的時候用一些補償的措施來因應，錯過了及早發現的時機。

所以，我們可以保有一顆年輕的心，但也接受自己其實一直在老的事實。用積極、健康的心態去面對自己的身心狀態，就能夠年輕到老，或應該說老得很年輕！

社會文化的定義

一個人到底算不算老，除了可以透過客觀指標以及主觀感受來定義之外，社會上的氛圍也會有意無意地影響民眾對於老的定義，而且客觀指標及主觀感受都難免會受到社會文化因素的影響。倘若未來醫療比現在更進步，人們平均餘命超過一百歲，到那個時候，人們對於老的定義也會因此有所調整。

客觀指標特別容易受到社會文化的影響，且影響絕對不僅止於此，民間的一些做法也都意謂著社會文化對於老的定義，例如，有商家在顧客回饋表上做年齡層的劃分，卻把五十歲以上都算為同一個群體，儼然把五十歲當作劃分的門檻。雖然回饋表的設定可能源自於業者對於五十歲以上的族群比較不重視，並不一定代表業者認為五十歲以上就是老人。現在已有越來越多的民間單位避免使用「老人」這個詞彙，選擇以熟齡、樂齡等說法。因此，即使他們把六十五歲以下的人定義為樂齡族也比較不會引起太多的反感。

不論使用什麼名稱，白金族也好、銀髮族也好，真正的關鍵或許不在名稱，而在於社會怎麼看待老這回事。二〇一六年，台灣六十五歲以上的人口占了百分之十三．八，五年後是百分之十六．八，預估九年後會突破百分之二十，也就是說，每五位當中就有一位是六十五歲以上的高齡者。四十五年後的台灣，六十五歲以上的人口會突破百分之四十，代表每五個人就有兩位是六十五歲以上的高齡者，如果你現在三十五歲，四十五年後的你是八十歲，你幾乎可以篤定會目睹這樣的社會變遷。屆時，社會對於老人的定義勢必會有所轉變，到時候沒到七老八老，可不能隨便幫自己貼上老人的標籤呢！

另外，如果在一個社會中，被認定成為老人會帶來好處，勢必也會影響到大家認老的意願。例如，若在一個部落中，老人被認為是較有智慧、較能受到尊重的，就很有可能會讓人們傾向幫自己貼上「我是老人」這樣的標籤。台灣現階段的老人福利不錯，不少人其實滿期待跨越那個門檻，然後開始享受搭乘大眾運輸費用減免等等的優惠，如果讓民眾自由決定自己算不算老人，而且只要是老人就會享有很多好處，相信老人的定義年齡肯定會大幅下降。

跳脫定義的框架

不論你用什麼方式來決定自己是不是老了，恐怕更關鍵的是你選擇當一位怎麼樣的老人。在現代，我們可以發現多數的老人都和我們刻板印象中的老人是很不一樣的，所以不論你決定什麼時候開始當一位「老人」，請跳出既有的框架，當一位你心目中的「老人」。

本章參考資料

1. 退休年齡的定義（美國國內保險學會）：http://bit.ly/2hwR1Ij
2. 各國退休年齡調查（維基百科）：http://bit.ly/1lKeUcC
3. 國際衛生組織退休年齡建議調查：http://bit.ly/1NdOY65
4. 國發會人口結構推估：http://bit.ly/2hO6wYn
5. Act Your Age影片：http://bit.ly/1FnyGAd

第四章
CHAPTER 4

老讓你想到什麼

上一個章節我們討論了到底該怎麼定義老，暫且不論你是否認為自己是個老人，想到老的時候你會想到什麼呢？對於老的概念本身是否也會影響我們對老的定義呢？就讓我們來談談對「老」的想像吧！

老的聯想

要讓你回答某個概念讓你想到什麼，最簡單的方法就是用問的，在心理學研究上，研究者會請一群人來做聯想測驗，他們會請這些人在看到一個詞彙的時候，依序寫下自己認為和這個詞彙有關係的詞。例如，當看到「醫生」這個詞彙的時候，得到的回答可能包含護士、醫院、病人、藥、健保等等，當累積很大量的資料之後，就能夠建立這些詞彙間連結強弱的關係圖。這樣的做法，我們會稱之為順向聯想，也就是在觸及到一個詞彙的時候，會聯想到的相關連的概念。

有另外一種聯想叫作逆向聯想，以上述的例子來說，就是當看到護士、醫院等詞彙的時候，有多少人會聯想到醫生這個詞彙？心理概念之間可能存在較強的順向聯想關係，或是較強的逆向聯想關係，又或是兩者皆強。醫生、護士的例子就是一個兩者皆強的例子，顯示這兩個概念間有很緊密的連結。順向較強的例子則例如想到颱風的時候可能會想到放假，但是看到放假的時候，比較不會聯想到颱風。

在台灣並沒有太多語意聯想資料庫（注1），其中一個語意聯想資料庫中，「老人」的聯想詞彙相關連程度最高的十個詞分別是：小孩、孤獨、福利、智慧、獨居、海、孤單、皺紋、照顧、可憐。其中有一半的詞彙是負向的，智慧算是正向的，剩下的是比較中性的聯想，顯示人們對於老人的想像是較偏負面的。若去比對哪些詞彙會讓人想到「老人」，相關程度的前十名為：讓座、雲鬢、歲數、孤苦、智慧、病榻、報攤、喫茶、公園、菸槍，當中只有三個詞彙算是負向的。這樣不對稱的連結性反映了人們對於老的刻板印象嚴重，會強化負面概念的連結，不單純是因為老真的和負向的詞彙都有明顯的關聯性所致。

另一個做法就是請人們寫下對於某個概念的刻板印象，一九七〇年代就有研究指出美國人對於老人的刻板印象有：佛羅里達州、老、孤單、灰色、小心、多愁善感、有智慧、固執、有禮貌、賓果、健忘的、退休、皺紋、傳統等等。其中有些詞彙有明顯的文化差異，例如佛羅里達州，這是因為美國很多人選擇去天氣好的佛羅里達州養老，所以對於老人的刻板印象中也包含了這個詞彙。另一個是賓果，美國老人喜歡玩賓果，在台灣對應的聯想就是麻將。

隨想練習

如果你沒有做過關於老的聯想，請容我邀請你做做看。方法很簡單，請寫下當你看到以下這些詞彙時，首先浮現出來的那些詞彙。歡迎你邀請一些朋友一起做這個練習，並彼此聊聊你們的異與同。

- 老人
- 退休
- 高齡
- 銀髮族
- 阿公
- 阿嬤

每個人對老的想像都不同

讀到這裡，相信大家應該能夠接受每個人想的都不一樣，特別是針對一些抽象心理概念的想像更是天差地遠。上一個段落我們嘗試從群體的角度來思考老讓大家聯想到什麼，這裡我們想要帶大家思考一下，為什麼每個人對老的想像都不同？

我們對老的想像就如同對於任何心理概念的想像，都是受到我們過去經驗的影響，包含自己親身經歷的，或是從別的管道獲取的訊息，日積月累，再加上不時的修正調整，才成就了現在我們對於某個概念的樣貌。

經驗

對多數人來說，最初對於老的經驗應該就是和家中老人互動的經驗。我自己家中的幾位老人有很不同的樣貌，外公是位停不下來的工程師，一直到七十幾歲還會自己設計一些小機關來達到改善生活品質的目的。外婆可以算是典型的家庭主婦，所謂典型就是對家務有很好的掌握，也會到處串門子、標會等等。外公和外婆都算是活躍的老人，但奶奶就完全不同，奶奶不太出門，整天就是在家看書、看電視，生活步調非常地規律。

因為這樣的成長經驗，我對於老的想像就不會是單一面向的，而是充滿各種不同樣貌的，這或多或少也影響了我日後對老的概念。不過除了從和年長的親朋好友互動之外，更多的應該是我們從不同媒介所吸收的養分，其中，我想國民教育的影響是不容被抹滅的。學生時期的我算是一位好學生，不過現在若要回想過去的學習，還真的是沒有太多殘存的記憶，在這少數殘存的記憶中，朱自清的〈背影〉是其中一段：

我看見他戴著黑布小帽，穿著黑布大馬褂，深青布棉袍，蹣跚地走到鐵道邊，慢慢探身下去，尚不大難。可是他穿過鐵道，要爬上那邊月台，就不容易了。他用兩手攀著上面，兩腳再向上縮；他肥胖的身子向左微傾，顯出努力的樣子。這時我看見他的背影，我的淚很快地流下來了。

雖然在朱自清寫這段文字的時候他的父親應該不算老人（至少以現在的標準來說），但卻清楚傳達了老就是衰弱的一個意象。或許就是類似這樣的資訊，在我們成長的過程中，有意無意地建構了我們對於老的想像。

除了學習之外，工作也是另一個會影響人們對老的想像的因素。那些在安養機構服務的人和在樂齡大學服務的人，雖然都是長時間和老人互動，但是因為他們互動的長輩差異性非常大，所以他們對於老的想像很可能有著天壤之別。我鼓勵大家應該多去看、多去接觸老人，才會讓自己對老的樣貌有更全面性且正確的理解，而不是像井底之蛙般，僅從自己的小小視角去看待世界。

信念

除了外在的經驗之外，每個人的信念也會影響你對老的想像，在本章節的介紹中，相信能讓大家發現，其實你自己的念頭會大大影響你如何看待一個概念，這也必然會影響你對於這個概念的想像。雖說信念的形成也會受到個人經驗的影響，但信念和經驗不必然是一致的。例如，你在成長過程中所接觸到的長輩可能都是非常活躍的，理論上應該讓你對老的信念比較正面積極，但你可能因為一些不明的原因對老人感到排斥，那你對於老的想像有可能就是偏負面的。相對的，雖然你周遭的老人多是受病痛所苦，但因為你非常期待變老，所以對於老的想像反而是比較正面的。

因為工作的關係，我見過各式各樣的老人，也深知現在多數的老人其實跟大家刻板印象中的是不同的，所以如果現在要我做老的聯想，我想到的會是無憂無慮、自主、逐夢，當然這也有可能是我的自我投射，期盼自己未來可以當一個這樣的老人。回想念大學的時候，我對於自己的老後其實是沒有想像的，或應該說是極負面的想像，所以我當時覺得人生六十就好，不用活太久。現在想想，如果只活六十年，那日子已經過了近三分之二，反而稍嫌短了點呢！

老的念頭對我們有什麼影響

每個人對於老的想像或許有些不同，不過這些關於老的念頭會對我們有什麼影響呢？有研究者想要探討對於老的刻板印象如何影響人們的記憶表現，他們針對中高齡者進行記憶能力的檢測，其中有一半的參與者在進行記憶能力檢測之前，必須填寫自己的真實年齡，另外一半的實驗參與者則是直接進行記憶能力的檢測。結果他們發現，有填寫自己真實年齡的參與者，記憶表現比其他的參與者來得差，平均的記憶表現大約差了五歲，也就是說單是填寫自己年齡這個念頭，就足以讓人們展現老態、記憶表現變差。

此外，如果自己覺得自己比實際年齡還要老，也會影響認知功能變得比較差，甚至會有比較高的失智症風險。老的念頭除了會影響心智運作之外，也會影響到人們的生理狀態，例如，讓年輕人看一些跟老年刻板印象有關係的詞彙，年輕人走路的速度就會變慢。

對於老的刻板印象當然不全都是負面的，有研究比較了正面的老年刻板印象與負面的老年刻板印象分別對於年長者會有的影響。在正面的老年刻板印象促發情境中，他們用一段文字引導實驗參與者，讓參與者相信人生經驗、豐富的語彙對於接下來要做的任務有舉足輕重的影響，並說明過去研究認為年長者在這些任務上會比年輕人表現得更好；而在負面的老年刻板印象的情境中，他們則是強調反應速度的重要性，並說明過去研究認為年長者在這些任務上會比年輕人表現得更差。這個研究結果發現：同樣都是促發老年的刻板印象，偏正面積極的老年刻板印象會讓年長者的反應變得比較快，但錯誤率會上升；而偏負面的老年刻板印象則會讓年長者反應變慢，可是正確率會上升。

綜合以上的結果，我們可以發現老的念頭對我們有很大的影響，這些影響不盡然都是不好的，端看在特定情境下，怎麼樣的反應模式是比較有利的。

現階段，或許我們對於老的想像還是偏負面的，但和上一個世代的人們相比較，我們對於老的想像已經正面積極多了。英國有間食品業者Spring Chicken用一個很有創意的方式想要表達這個理念，他們舉辦了一個「注意老人」號誌重新設計的競賽。原本英國的「注意老人」交通號誌牌是一對駝背的年長者拄著拐杖，相當負面的形象。群眾自由發想的結果很有意思，獲得較高票數的其中一個號誌是一對老夫老妻走過斑馬線的意象，並加註了一句標語「Slow down dear」，意思是要提醒駕駛開慢一點，而不是只想傳達年長者走路很慢。

未來，我們對於老的態度肯定會越來越正面，一方面是因為我們對於老越來越了解，一方面則是老人越來越健康，和過去是相當不同的。所以我們該做的是保持一顆開放的心，接受自己有一天會變老的狀態，而不用無謂的抗拒變老這件事情。

注1：語意聯想參考庫為「黃博聖；陳學志；劉政宏中文詞彙遠距聯想測驗」之編製及其信、效度報告。

本章參考資料

1. 關於老的聯想：http://bit.ly/2iF2MZs
2. 刻板印象可以促進也可以損害長輩的記憶表現：http://bit.ly/2iF3hCv
3. 參與記憶測驗就會讓人老五歲？：http://bit.ly/2hwXhzS
4. 不同年齡層對於年齡刻板印象的反應：http://bit.ly/2iFgDyJ
5. 英國「注意老人」號誌設計比賽：http://bit.ly/2iEZ6L1

第五章

CHAPTER 5

沒有人教我們老是什麼

在華人社會，我們似乎不太教導怎麼「面對人生」，雖然在年紀小的時候，爸媽會教我們很多事情，但多數的教學都停留在日常生活處理、學習面向，沒有帶領我們怎麼面對人生。關於這類話題，在我自己的記憶中，我比較常聽到的都是：「等你以後怎麼樣就知道了！」這種有點略帶嘲諷、威脅的回應，雖然自己在聽到這些話的時候也都會心想：「我才不會這樣！」

我到現在印象仍很深刻的少數關於「面對人生」的對話，是家父在我要進師大附中之前跟我的一段對話，他說：「你以前在國中可以稱王，但到了師大附中是不一樣的，那裡要稱王沒有那麼容易，要努力一點，表現不好時也不用給自己太大的壓力。」我了解父親的用心，不過他真的不太了解自己的孩子，我其實在國三的時候就把學業表現看得比較淡了，甚至越來越發現到有其他更重要的事情，他用了他自己的經驗嘗試幫我做一些準備，以免我遇到困境時手足無措。

我們希望別人教我們怎麼面對人生嗎？

承接我自己的生活經驗，我也邀請大家跟我一起思考，究竟我們是否希望有人教我們怎麼面對人生？我們又會希望是誰來教我們怎麼面對人生呢？

針對第一個問題，我自己覺得多數的人其實希望的是有人教我們怎麼面對人生的困境，而不是面對人生，最好那個人還可以告訴我們要如何化解危機。這聽起來或許有點諷刺，但很多人寧願想盡辦法知道自己的未來如何，也不願意去思考要怎麼面對未來。就好比不少喜歡算命、算塔羅牌的朋友，其實只是想要知道事情會怎麼發展，並不會特別冀望因為已經預知，就能夠做些什麼來改變自己的「命運」。

很多時候，我們都是等嘗到苦頭後，才會去想為什麼當時自己沒有好好聽聽別人的建議，特別是當這個人想要告訴你怎麼面對人生的時候。但從理性的角度來評估這件事情，除非要給你意見的人經驗豐富、身經百戰，而且對於你所處的狀況有清楚的了解，否則就算他給了你建議，你也不見得就比較有能力可以去面對人生。換句話說，不從別人那邊學習怎麼面對人生，可能是比較理性的做法！

若仔細審視我自己的經驗，對於一些偏任務型的事情，例如要做某款甜點，或是要到某個城市旅遊，我會願意參考別人的意見，特別是當我對這個任務非常陌生的時候，專家的出現就顯得格外重要。但若是一個偏人生哲理的議題，我可能就不太會參考別人的建議了，除非這個人和我的經驗和背景的高度是重疊的。

當然，每個人的性格都不太一樣，有些人就是比較喜歡當個追隨者，他們不求跑第一，但求可以平平順順的。這些人可能在面對任何人生困境時，都會希望有別人可以告訴他們該怎麼做。但這樣過度仰賴他人經驗的做法是有風險的，因為除非那個人跟你的狀況相似，否則他給你的建議可能對你並不會有幫助。可惜的是，多數人並沒有看透這一點，總是會覺得若是一位權威、專家講的，那就一定是真的、一定是對的，如果我聽了還沒有成功，那一定是我自己的問題。

沒有人教我們怎麼老

小的時候，不論我們願不願意聽，長輩們都會不厭其煩地提點我們：念小學的時候該怎麼樣、要怎麼準備聯考等等。但似乎經歷了青春期的叛逆之後，這些耳提面命的忠告越來越少，甚至我們會覺得自己已經長大了，可以自己做出最好的決定，才不需要聽那些過時的建議。或許因為這樣的惡性循環，在我們的成長經驗中，我們很少有機會可以聽到老是怎麼一回事。也或許是因為沒有人知道該怎麼教別人怎麼老，所以乾脆就不教了。

嚴格來說，也不是沒有人教我們怎麼老，或是告訴我們老是什麼樣子。在新聞、長壽劇中也都會有關於老人的片段，只是這些片段是否能夠反映老的樣貌？還是只是刻意描繪出關於老的一些刻板印象？然後這些刻板印象就一代傳一代，所有人的老後生活都建構在幾十年，甚至幾百年前，少數人的一些偏頗的想像。

有鑒於大家對於老的刻板印象過於嚴重，近年有一些團體開始推動活躍老化，例如弘道老人福利基金會，希望讓社會大眾對於老有更多元的認識。雖然不是要說這些範例不好，但到底這些不老騎士們反映了多少關於老的樣貌？如果每個人老了都可以勇敢逐夢，我們就不需要擔心長照人力不足的議題了。從正面的角度去思考，有些人可能對於老沒有太多的想像，看了這些激勵人心的例子而開始對自己的老後有清楚的願景；若從負面的角度去思考，是否有人因為看到這些積極的案例，覺得自己不可能辦到，反而沮喪、放棄經營自己的人生？

在華人社會，我們喜歡彰顯好的一面，而忽略了真實面對自己，這樣的做法對多數人來說是不太健康的。或許是這樣的社會氛圍，造成我們自卑、低自尊的社會性格，但我們完全沒有必要感到自卑、不足，也不必因為被彰顯的是那些遙不可及的目標就自我放逐。所以，我們應該推廣教大家誠實面對自己的老化，而不是刻意醜化或張揚其美好，唯有這麼做才能讓大家有更多的能量來面對自己的老化。

該怎麼學習老是怎麼一回事？

如果你決定要學習老是怎麼一回事，該怎麼做才好呢？

觀察、嘗試了解家中的長輩

最方便、直接的做法，就是仔細觀察家族中老人的行為、態度等等。若有機會跟他們一起行動當然是最好，若不行也沒有關係，就從一個第三者的角度去觀察他們。然而，除了外表容易被察覺的改變，例如動作變慢、走路需要拄著枴杖等；內在的改變，例如專注力無法維持太久、容易有挫折感，也是極需要關注的環節。

並非所有人都知道該怎麼觀察，特別是內在的改變，而且要客觀地去觀察家中的長輩更是難上加難，其實，要一個人針對別人的行為做客觀的觀察真的非常不容易，因為我們太容易受到刻板印象等無關緊要的訊息的影響。最理想的做法是在觀察前訂立一些指標，然後每一至兩個月做一次紀錄，再從紀錄中去回顧長輩的改變，一旦長期記錄了一年、兩年，再拿來回顧時就會很有感覺。

舉例說明：如果想知道家中長輩的記性是否真的有變差，可以在每次他忘記事情的時候做個註記，並註明是完全不記得，還是有部分記得，但部分記錯。（參考下頁表格）

不過，我們都是人，如果要記錄的指標不是太客觀的，都容易會有偏頗的現象發生。所以在選擇指標的時候，若可以越客觀越好。舉例來說，血壓就是一個很客觀的指標，不管是誰來記錄，只要使用的是相同的血壓計，而且血壓計沒有異常的狀態，基本上任何人做的血壓紀錄都能夠如實反映長者的狀態。但是要定義「忘記」這件事情就比較困難了，如果可以事先定義遺忘的程度該怎麼標記，那在記錄的時候，只要和先前定義的標準比對，就可以達到比較客觀的紀錄了。

記憶缺失	完全忘記這回事
事件	跟孫子聚餐
日期	2016年10月11日

參加老化體驗

從旁觀察很耗時又很容易不客觀，不能如實反映老人的狀態。

而且人們在知道被別人觀察的時候，所表現出來的行為很容易和平常的狀況不同，甚至有可能為了要營造好的形象而刻意隱惡揚善。另一個更容易達成的做法，大概就是去參加老化體驗的活動。早期要參加老化體驗的活動並不容易，但現在老人相關的系所很多，多數都配有某種老化體驗的設備。近年來，不少展覽中也會設有老化體驗的活動，有的是讓大家穿上老化體驗服裝，這套服裝刻意設計成讓穿上去的人，其生理上的結構會模擬老人的狀態；有的則是利用特殊設計的視覺、聽覺刺激等，讓人們可以想像自己老後的樣貌，例如戴上鏡片有塗上特殊塗料的眼鏡，就能夠讓人模擬罹患青光眼的視野是什麼樣子；戴上手套來操作工具，能用來模擬年長者觸覺不靈敏的狀況。

在這些老化體驗中，我特別想介紹一個有意思的體驗，是由英國阿茲海默氏症研究協會（Alzheimer's Research UK）開發的失智症體驗APP（注1），只要是安卓系統的手機，再加上任何虛擬實境的設備，就可以透過這個APP來體驗失智症患者的生活樣貌。進入這個APP，可以體驗在超市購物、在外活動以及在家可能遇到的狀況，APP本身有安排既定的故事情節，讓大家體驗失智症患者在生活中常會面臨的困境，使用者可以照著指示和情節來互動，非常擬真，相信對大家會有相當程度的衝擊。

雖然這些老化體驗能夠讓還沒有老的人體驗老後的身體會是怎麼樣的，但老化的過程不是只有跟這些身體的老化有關係，跟心理運作的老化也是有關係的。要去模擬心態上的老化著實不容易，在實驗室裡，研究者可以透過硬體設備的設定，例如把滑鼠、鍵盤設定為比較不敏感的，來讓人們體驗老後力不從心的過程，不過這僅能探討一小部分的心理運作，對於比較複雜的心理歷程也是使不上力的。

透過心理劇（注2）的方式，可能更有機會讓人們去體驗老後的感受。所謂心理劇，就是把自己的心境透過戲劇的方式表現出來，多數的時候是讓人們演出自己的心理歷程，但也可以演別人的心理歷程。也就是說，若有老人可以把自己的心理歷程較完整地記錄下來，就可以讓別人嘗試去揣摩他的心理歷程。透過演出的做法，因為肢體和語言都啟動了，更能夠讓人去經驗老人的心理歷程。

除了個人層次的老化體驗之外，更重要的應該是去體驗社會怎麼看待老人。之前有位藝術創作者就做了一個計畫（注3），他為一對情侶做了不同年齡的妝容和裝扮，然後記錄他們的互動，雖然只是外表上有了改變，但依舊讓人非常有感覺。你是否想過自己老後的樣貌以及重要的另一半的樣貌呢？你會怎麼想像這些未來呢？

除非你是演員，不然大概很少有人可以有機會自己扮老，然後去感受一下其他人對你的看法，較簡單的做法就是更換服裝，近年來有不少案例都是讓祖孫交換穿著，我們可以明顯發現到，換了裝扮會大大影響別人對自己的觀感。或許可以透過穿上自己阿公阿嬤的衣服，嘗試模仿他們的行為，來測試一下大家的反應。

去看場電影

如果你還是覺得上述的方式太過抽象，沒有辦法想像老究竟會是怎麼一回事，那我鼓勵你可以去看一些描繪老後生活的電影。不知道是因為人口高齡化的關係，還是因為自己年紀大了，也或許是工作相關的緣故，我總覺得近年來有越來越多與老年相關的電影，光是二〇一六年上半年就有好幾部以老人為主題的電影在台灣上映，《四十五年》、《阿公歐買尬》、《年輕氣盛》、《特工爺爺》、《快樂告別的方法》、《最後一堂課》、《走音天后》，你看過其中哪幾部呢？

老後生活的電影大致可以分為幾個類別：

一、固執的老人做了改變：這些電影對於老人的生活或許有些過於刻板印象的刻畫，但我們生活中確實都有一些固執、不願意改變的老人，似乎電影一定要這樣拍才顯得高潮迭起，觀眾也會比較投入。在電影《為老婆唱首歌》中，退休後只愛打撲克牌的老公為了幫深愛的另一半圓夢，竟然加入了合唱團，不僅改變了自己的人生態度，也改善了疏離的親子關係。除了為了自己的另一半做出改變之外，更多的時候是為了孫子、晚輩而改變，不論是日本電影《佐賀的超級阿嬤》或是法國電影《蝴蝶》，都是談因為世代差異而格格不入的祖孫終於破冰，溫馨感人的情節。

二、為病痛所困擾：這幾年來，有非常多電影在描繪阿茲海默氏症，有很沉重的《愛慕》、《長路將盡》、《你的樣子》、《我想念我自己》，也有讓人歡笑又讓人流淚的紀錄片《被遺忘的時光》。這些電影或多或少都描繪了失智症患者的生活，以及親人怎麼和他們持續保持互動的片刻，對失智症不熟悉的朋友很值得一看。

三、活躍老化：隨著健康的老人越來越多，也有不少電影把這些老人的生活樣貌搬到電影中，例如在台灣很受歡迎的《金盞花大飯店》，或是記錄台灣活躍長輩的《不老騎士》、《青春啦啦隊》。這些老人活躍的樣貌對於大家無疑是最好的鼓舞，我就很希望自己老後可以到一個充滿異國風情的地方去養老，肯定非常有意思。

四、探討老後生活的心境轉變：過去比較少探討老年人心境的電影，最近倒是很多，像是探討親密關係的《四十五年》，探討生命價值的《最後一堂課》、《年輕氣盛》、《快樂告別的方法》。這些比較細膩的老後生活樣貌都很值得大家細細品味，思考自己到了那個年紀，可能會遇上哪些沒有想過的難關。

該做哪些準備？

或許在生活中，沒有太多人會主動教導我們怎麼面對老後的生活，但我們若有意願，絕對有方式可以讓我們對老有進一步的了解。所以關鍵應該在於，為什麼我們會沒有意願想要做這件事情？是因為我們聽天由命？還是因為我們其實打從心底害怕老，所以避免提早接觸跟老有關係的事情？就好比有些人怕提早知道自己罹患絕症，就逃避做健康檢查，錯失了及早治療的機會。如果你覺得這些逃避健康檢查的人很愚蠢，那麼逃避面對老這件事情，未嘗不是如此呢？

注1：英國阿茲海默氏症研究協會開發的失智症體驗APP：http://bit.ly/1TRlHRw

注2：人類學家陳懷萱曾舉辦「戲做老年」工作坊：http://bit.ly/2hO5Ylg，讓年輕人透過戲劇體驗老年的生活樣貌。

注3：藝術創作計畫影片：http://bit.ly/1HjMVJI

第六章

CHAPTER 6

你害怕老嗎？

在談害怕變老之前，我們先來聊聊害怕是怎麼形成的，到底害怕是否是天生形成的情緒？簡單來說，害怕這件事情因為和生存有極大的關係，所以算是所有情緒中很重要的一種。倘若有一個物種不會因為天敵的出現感到害怕，進而逃跑，那麼這個物種就有比較高的機率會被天敵吃掉，沒有辦法繁衍後代，這樣不害怕、無懼的基因也就不會流傳給後代。

害怕究竟是怎麼一回事？害怕就是當我們偵測到一個可能帶來傷害、負面影響的事物時，個體會採取的反應。如同前面提到的，因為害怕這個情緒和生存有極大的關係，所以害怕的情緒感受必須要快速地被處理。在人類身上，害怕的處理涉及一個快速的處理機制，但因為這個歷程過於快速，沒有辦法針對外在事物有細膩的處理，所以就有可能發生假警報的情況，例如古人說的杯弓蛇影就是一個很好的例子。除了這個快速處理的迴路之外，另外有一個比較細膩但較為緩慢的害怕處理迴路，讓我們得以對於造成害怕的事物有比較完整的處理，也才不會因為粗略的處理而錯失好東西。例如，在森林裡找果實的過程，如果看到蛇的影子就立刻跑走，沒有先搞清楚那只是個影子，而非真的有蛇，有可能就會錯過前方豐碩的果實。所以，快速粗糙的迴路與緩慢細膩的迴路都有其存在的必要性，唯有兩者相輔相成，才能讓我們害怕該害怕的，而不害怕那些沒有威脅性的事物。

可是，為什麼大腦會把一個事物定義為可能會帶來傷害、負面的呢？有兩個成因，第一個是天生的，就是每個物種生來就會對某類的刺激產生害怕的情緒反應，例如老鼠對於貓的氣味會感到害怕。第二個成因是後天的，是由於個體經過學習經驗的反饋，進而形成對於某個事物的害怕情緒感受，這個害怕的學習歷程會受到外在事物強度的影響，也會受到個別差異的影響。舉例來說，小孩子因為不知道煮水的茶壺，即使沒有放在瓦斯爐上時也有可能會是燙的，就好奇伸手去摸，一旦被燙到了，下次要摸的時候就會格外小心，甚至從此害怕去觸碰茶壺。

值得一提的是，對於害怕的後天學習，並非一定要經過本人親身體驗後才會產生。除了人類之外，不少的物種也會透過觀察學習的方式，來習得對會威脅自己的事物產生害怕的情緒。這說明了為什麼看完恐怖電影之後，有些人會害怕一個人獨自走在街上，明明就沒有獨自走在街上被暗殺的經驗啊！

人為什麼會怕老？

既然害怕的成因有可能是先天，也有可能是後天的，那人們對於老的害怕，究竟是怎麼來的呢？人們對於老的害怕可能是先天造成的嗎？雖然不太容易想像，但這確實是有可能的，有可能在我們的基因當中就寫著：要對老感到恐懼。雖然過去人們的平均餘命不長，無法親身體驗到對老的恐懼，但並不表示這樣的基因就不存在。另外，有些人莫名地對老這件事情有害怕的感受，也可能是先天的因素作祟，即便在後天經驗沒有介入的情形下，還是可能會害怕老這件事情。

要說老是後天經驗形成的，聽起來比較合理，除了自己親身的經歷感受到變老對自己的負面影響之外，也透過觀察自己周遭的人變老後的負面影響，導致我們對於老感到害怕。

但是對於老感到害怕這件事情，究竟是因為對於年紀增長的本身感到害怕，還是對於老所帶來的生理、心理等方面的改變感到害怕呢？這有可能就因人而異了，事實上人們對於一個事物的恐懼，本來就不一定是同樣的原因。例如兩個害怕蟑螂的人，一個人可能是因為蟑螂會飛所以害怕；另一個人可能是因為自己曾經不小心把蟑螂吃進嘴裡，產生了嫌惡的感受，因而對蟑螂感到害怕。

一旦過了二、三十歲的高峰，生理和心理的狀態都在走下坡，但這樣親身經驗的「老」，應該不是多數人害怕老的原因。對於老的害怕，最大宗的原因是來自於我們對於老人的觀察，特別是自己周遭比較親近的老人。除了看到他們因為老了，而造成生活上的不便利之外，有些時候我們也會擔心自己老了以後，心境上會不會也變得跟這些我們原本嫌棄的人一樣，一想到就直冒冷汗。

但人生總是非常地巧妙，越害怕越擔心的事情就越有可能成真，很多子女在年輕時候嫌爸媽的一些作為，殊不知等自己到了父母的年紀也變成跟他們一樣的人。除了先天的遺傳因素加上後天經驗的影響之外，這些讓年輕的人們嫌棄的老人行為，有時候只是老人因應心智功能退化而產生的行為模式，例如老人的固執行為，其實只是展現了他們沒有能力去做通盤的考量，與其評估新做法的風險，不如用自己已經熟悉的做法，雖然可能有風險，但自己比較清楚該怎麼因應。

雖然人們怕老有諸多的可能性，但一個很根本的原因，可能只是因為我們對於未知的事物多半是帶有一些恐懼的。因為每個人都只有一次機會可以老，沒有可以重來的機會，所以對於老才會有這麼多的恐懼感受，如果可以對於老帶來的影響有更多的想像，或許就不會那麼擔心害怕了。

隨想練習

邀請你寫下自己最擔心、害怕老的哪個部分？

我該怕老嗎？

「我該怕老嗎？」要回答這個問題，我們要回顧一下「害怕」的定義：所謂害怕，是當我們偵測到一個可能帶來傷害、負面影響的事物時，個體會採取的反應。所以當我們認為老不會帶來傷害、不會帶來負面影響的時候，就沒有必要害怕了。雖然要說老不會帶來任何傷害，或是不會帶來負面影響並不容易，但是，若可以從不同的角度去看待這些因為老而產生的改變，或是自己先做好心理準備，那這些老所帶來的改變，就不會成為讓我們產生害怕感受的原因。例如，若我們知道人的記憶本來就是會隨著年紀而退化的，就不會因為自己中年時的記憶大不如前，擔心自己是否老了之後會失智，因而逃避老化。

不過從另一個角度來想，害怕其實對人們是有幫助的，因為我們會害怕，所以懂得保護自己、懂得事先做準備。如果有個人完全不擔心自己的血壓、血糖，拚命地吃高糖、高油、高脂的食物，那自己也會因此受到傷害，並不會因為不害怕就不會受到傷害。所以，適度地對於變老保有一些恐懼的感受會讓我們更愛惜自己的身心，對於人們來說是最理想的狀態。

那對於老極度害怕，難道不好嗎？其實對一項事物過度地害怕或是完全不害怕都是不好的，以怕老為例，如果因為怕老而保持健康的飲食、固定的運動習慣，難道有錯嗎？從我的觀點來看，這不算是極度怕老。但如果你因為害怕有皺紋，就常常整形；因為害怕進入更年期，就透過賀爾蒙治療來延緩這個進程，這些有點極端的做法才是所謂極度害怕變老！如果你的抗老祕訣都是比較天然的，那無需過度擔心，只是你也需要時時提醒自己，即便做了再多，老還是會來到，一些意想不到的病痛還是有可能會發生，不要誤以為自己做了很多抗老的準備，老就不會來敲門！

畢竟老這件事情實在不是人們說了算的，天有不測風雲，人有旦夕禍福，我們能夠做的就是對於老有更多正確的了解，並盡量多做一些準備，以備未來之需。提供大家另一個思考的角度，近年來在國外有個新的詞彙seenager，這個單字結合了senior（年長）以及teenager（青少年）。從字面上解讀就是「年長的青少年」，但究竟所謂年長的青少年指的是什麼？簡單來說，就是擁有青少年時期所有想要的事物，只是年紀長了一些。若可以用這樣的觀點來看待老這件事情，應該很少人會感到害怕吧！

第七章

CHAPTER 7

扎實做好心理建設

面對任何改變，做好心理建設都是第一要素，不論是要換一份新的工作、轉換一個身分，或是心老都是如此。為什麼會說要扎實做好心理建設呢？因為，很多時候我們都以為自己已經做了心理建設，殊不知自己其實還沒有準備好。

跟大家分享一個例子，日前我要去馬來西亞的新山旅遊，雖然新山就有機場，但是航班不多，所以多數人選擇飛到新加坡，再搭車到新山。這趟車程即便包括通關，在不塞車的情形下只要一個小時，所以不少旅客會選擇用這樣的方式前往新山。可惜的是，我選擇的航班剛好會遇到上下班通勤的時間，而且跟多數人是同樣的方向（早上從新山往新加坡，晚上從新加坡回新山），我在出發前已經先做了心理準備，知道會在車上多花一些時間，還為此叫了機場接機服務，而非搭乘大眾運輸工具。從新加坡機場前往新山的一路上，剛開始還挺順暢的，但漸漸塞了起來，大貨車、轎車還有非常多的機車都擠在一起，機車甚至一度多到擋住了轎車的車道。

回程的時候，為了避免塞在路上趕不上飛機，我特地提早一個小時，早上六點就出發。殊不知，週一早上除了要去新山工作的人潮，還有度假返家的新加坡人，所以硬是從天黑堵到天亮，花了一個小時的時間才完成通關。通關時，看著車潮為了早一步進到新加坡，擠啊擠得，心理的壓力就跟著逐步攀升。我忍不住問自己，是否有一天我也會為了多賺一點錢，每天花三、四個小時通勤？我感受到莫名的壓力以及不捨。分享這個經驗是想告訴大家，很多時候我們以為自己已經準備好了，事實上根本天差地遠。

步驟一：了解心老的影響

在前面的章節我們有提到心老所包含的各個面向，從感官、反應速度、記憶、邏輯推理到情緒等。除了了解這些影響之外，我們更需要知道心老有很大的個別差異，今天沒有異狀並不代表明天就不會有異狀，所以，定期關注自己的心理狀態跟做健康檢查一樣重要，唯有系統性、持續地記錄、管理你的心理狀態，才有機會即早發現異狀，在狀況惡化前採取相關措施。

除了從個人的角度來思考心老的影響之外，也必須思考自己的改變會如何影響到周遭的人，以及要怎麼面對他人對於自己的態度。我們很容易只從自己的角度去思考老這件事情，不過這真的不是一個人的事情，特別是當我們的狀態到了一個程度時，勢必需要別人介入我們的生活，甚至跟我們一起決定生活中的大小事該怎麼打理。

雖然我曾經跟太太說如果哪一天我失智了，請她不要考慮太多，把我送到機構去就好。但這樣的講法實在不太負責，看似減輕了家人的照護負擔，其實家人心理上的惦記、不捨可能造成更大的心理壓力。像這樣的事情，也都是我們需要去思考的，不少人因為看見家中長輩老後的生活而有了很多省思，但我們能否在親身經歷，或是看到家人經歷這些痛苦的過程之前，就為這可能到來的一天做一些心理建設呢？有了心理建設並不能確保事情不會發生，卻能讓事情在真的發生的時候，比較不會亂了手腳。今天多一分準備，明日少一分擔心。

步驟二：預想要怎麼面對最糟糕的狀況

了解老的影響是一回事，設身處地去思考自己如果有一天那樣了，又是另外一回事。所以，你想好自己老後最糟糕的狀況可能是怎樣了嗎？在電影《我想念我自己》中，女主角Alice語帶埋怨地說：「我寧願自己得到的是癌症，而不是阿茲海默氏症。」確實，以治癒的可能性、疾病所帶來的影響來評估，罹患癌症都沒有罹患阿茲海默氏症那麼慘。

那到底該怎麼預想最糟糕的狀況呢？首先，要請你先想想自己一天的作息，把大大小小的事情都列個清單，例如上廁所、上下床都要列出來。第二個步驟，設想自己在不同的狀態下，要怎麼完成這些任務？以下就以三個不同的狀態，在進行三項不同任務時可能會遇到的困難，簡單的分享：

任務／狀態	雙腳無力	完全臥床	中度失智
刷牙	必須坐著刷牙，需要有個較大的平台來放置物品，方便拿取。	基本上必須仰賴其他人的幫忙，因為採取臥姿，很容易弄得全身濕透。	有時候可能會忘記要拿什麼東西來刷牙，有可能會拿錯東西，需要很多外在輔助工具的提醒，甚至把牙刷和牙膏綁在一起，幫助提醒。

吃早餐	自己出門買早餐太花時間，就在家中隨便吃，最好是前一天有家人已經買好的麵包，沖泡一杯熱飲，以此當作一餐。	基本上需要有人餵食，進食的時間點、量和速度都不是自己可以決定的。	不一定能夠自己烹調，家人可能會傾向幫忙購買或是代為烹調早餐，以避免發生憾事。早餐很可能會吃很多次，因為忘記自己已經吃過了。
打掃家裡	勉強能用抹布擦擦桌子，但地面完全沒有辦法自己處理。	無法下床，這項任務完全需要由其他人代勞。	如果沒有失能的狀態，可能可以自行打掃，但要確保使用正確的工具，並用正確的方式來打掃。

不知道看了這個表格之後，你是否覺得有點頭疼？這些活動大概只占了日常活動的六分之一不到，就已經讓人感覺相當吃力，甚至會覺得需要請個看護來幫忙了。降低活動力或是請看護來照護自己是很

容易被採用的做法，但也是比較消極面對的方式。

該如何積極面對這些狀況？用進廢退是一個大家需要謹記在心的基本原則，雖然我們有可能失能、失智，但多數的情形都不是一夕間就變成全殘、完全意識混淆的。換言之，我們都有機會在完全無退路前為自己做些什麼。相信大家周遭也看到很多例子，身體健朗的長輩可能因為手術或是生病，雖然後來病癒，卻因為已經請了看護，生活自理的能力越來越差。這不是說失能、失智不應該有任何協助，而是應該視狀況給予必要的協助，或甚至應該少給一點協助，挑戰老人的能耐。

二〇一六年初在林口開始營運的夢之湖─錸工場日間照護中心，就採取了所謂的「減法治療法」，他們認為人都是有韌性的，所以不需要提供完全到位的照護，而是讓長者用自己的能力照料自己。這間日照中心提供的不是團體式的活動，他們讓每位長者自由決定一天的行程，每天都有幾

黏貼裝訂處（請勿使用釘書針）

請沿此虛線壓折

廣　告　回　信
台灣北區郵政管理局登記證
北台字第12896號
免　貼　郵　票

太雅出版社　編輯部收

10699 台北郵政53～1291號信箱

電話：(02)2882-0755

傳真：02-2882-1500

(若用傳真回覆，請先放大影印再傳真，謝謝！)

太雅

太雅部落格 http://taiya.morning.com.tw

黏貼裝訂處（請勿使用釘書針）

請沿此虛線壓折

熟年優雅學院
Aging Gracefully

讀者回函

感謝您選擇了太雅出版社，陪伴你一起享受閱讀的樂趣。只要將以下資料填妥寄回，將可收到「熟年優雅學院」最新消息。 以下問題有星號*必填，並以正楷填寫清晰。

這次購買的書名是：______________________________

*1. 姓名：_______________　　性別：□男 □女

*2. 生日：民國______年

*3. 手機：_______________________

*4. E-Mail：____

*5. 地址：□□□□□________________________________

6. 您從何得知本書的出版？

□________報紙報導　□________雜誌　□________廣播節目

□________網站　□________書展　□逛書店時無意看見

□電子報　□朋友介紹　□親友贈送　□太雅出版社的其他文宣品

7. 讓您決定購買這本書的主要理由是？(複選123)

□喜歡本書的人物故事 □認同本書的核心價值 □對熟年議題的關注

□對太雅出版品的肯定 □整本書的質感吸引你 □想贈送長輩

8. 您最常從事的休閒活動？

____

9. 五十歲以後，您會花錢在什麼樣的物品？

□保暖衣物或用品 □運動休閒服飾 □保健食品 □居家運動器材 □醫療保健器材

□好穿止滑的鞋子 □抗老化保養品 □飯店buffet餐券

10. 閱讀心得與建議：

____

____

填表日期______年_______月______日

十種行程可以選擇，其中還包含木工、做麵包等一般成年人也會興致勃勃的活動。他們盡可能降低長輩在中心可能受到傷害的風險，如此一來，就能放手讓長者視自己的狀況從事自己可以進行的活動。

類似夢之湖—銶工場日間照護中心的做法就是大家可以參考的，台灣目前已經有很多組織提供各式各樣的活動，讓各種狀態的長者可以參與。建議大家先做些功課，未來一旦有需要的時候，才知道有哪些相關的資源。

步驟三：實地體驗

先前我們有提到透過老化體驗來認識老這回事，除了老化體驗之外，我也非常鼓勵大家跟著長輩生活一天，了解他們生活上會有哪些不便。在記錄這些不便的同時，也可以想想你會採取什麼做法，以及你認為怎樣的做法可能會比較好。

我岳母三不五時會抱怨記不住跟別人約的事情，我就說：「那可以用用看google月曆啊！」雖然有示範過，但不知道是因為她不習慣操作的方式，或是google月曆的操作模式本身就是對長者不友善的，總之她一直沒有養成使用google月曆的習慣。如果可以用語音錄下來，自動辨識錄音檔的資訊並做成提醒，或許對長者會比較方便？

太多東西如果沒有實際上使用過，或沒有正確的使用，都不知道其中的眉角，就像之前家父長期臥床，家母為了讓他可以有泡澡的感覺，買了一個網路上頗受好評的泡澡墊，但他只用了一兩次就不用了，因為水溫不夠高且很難全身同時間泡在水中，根本沒有泡澡該有的感覺，再加上要怎麼把水灌進去、把水排出來都是問題，家母後來也覺得真的不方便，就不強求家父使用了。

雖然大家不見得已經經歷過這些，但相信你一定有因為推銷而買下某些東西，結果買回去後發現根本不太好用，或是它的功能其實無法滿足你的需求。所以，實地體驗是非常重要的，唯有透過這樣的方式才能讓我們知道有些不方便的存在。

我會鼓勵有時間的朋友去機構擔任志工一段時間，藉以了解長者生活中的點滴。比較沒有時間的朋友，我也鼓勵你去參加一些培訓課程，進行至少半天的老化體驗。如果只是穿上老化體驗服，隨便走個半小時，實在很難了解身為年長者的苦，不少照服員培訓的課程都有提供類似的長時間體驗活動，大家可以參考。

若有興趣擔任照護服務的角色，目前有兩種管道：

1. 照護服務員培訓（核心課程五十小時、實習四十小時）

2. 照顧服務員技術士技能檢定（詳情請參考勞動部網站：https://skill.tcte.edu.tw/notice.php），衛福部社會及家庭署關於照服員認證的規定及訓練課程：http://bit.ly/2iFj1pb。

第八章

CHAPTER 8

調整自己的心態

有人說：「你就是自己最恐怖的敵人。」這句話說得一點也沒錯，我們常會認為自己做不到、自己沒有能力、自己不可能，但很多時候，我們連嘗試的勇氣都沒有，就決定打退堂鼓。

幾天前，兒子一如往常當了他自己最大的敵人，為了鼓勵他，我就說：「你連試都沒有試，怎麼知道我會不答應你的要求呢？」兒子是個很有個性的孩子，個性小心謹慎、不莽撞，從小就展現出這樣的人格特質。等了一陣子，我有點耐不住性子地問：「你沒有要問我哦？」他就說：「人家已經在準備了，你可以不要這麼急嗎？」幾分鐘後，他總算開口了，我沒有拒絕他的請求，因為我要讓他知道他必須嘗試，不要自己以為會怎麼樣，就不去做某件事情。很可惜，不是每個人都會有爸爸耐心等著你，幫助你調整自己的心態。即使有爸爸在等你，自己的心態還是最關鍵的，所以請為自己負責，不要因為習慣了、懶惰了、害怕了，就決定當原本的自己。

那麼，面對心老這件事情，我們有哪些需要調整的心態呢？

心態一：「老」其實沒那麼特別

就像小時候我們會把長大、變大人當作一件很特別的事情，成年以後，我們也很容易把退休、符合老人優惠當作一件特別的事情。只是，變老這回事並不像青春期的轉變那樣，能在短時間內對我們有這麼大的影響，老所帶來的影響是連續性的，如同先前提到的，老的影響從二十幾歲就逐步地發生，多數的改變並不會隨著年齡而加入，僅有少部分的身心狀態是在到了一定年紀之後會加速改變。

既然如此，那我們也要開始練習不要把成了「老人」這件事情看得那麼嚴重，因為只不過是多了幾歲，多吃了幾年的米飯，過了六十五歲還多了敬老優惠可以使用。很多人之所以把「老」看得那麼特別，可能是受到社會制度的影響，諸如退休年限、敬老優惠等，都強化了我們要把「老」當作一件很與眾不同的事情。這大概也說明了為什麼家庭主婦老了之後的適應力，比起長年在職場打拼的老公還要好，因為對主婦來說，生活並沒有太大的轉變，只是多了一個整天會在家碎念、不幹事的老公；但對退休的老公來說，需要適應一個新的生活型態，找尋新的人生意義，確實是一個大的改變。不過，退休老公所面臨的改變，嚴格來說，跟「老」並沒有直接的關係！只是剛好在「老」的同時需要面對調整自己生活型態、重新樹立人生目標這檔事。在日本，不少主婦因為無法適應退休的老公在家無所事事，選擇離開丈夫的也不算少數。反觀台灣，也有不少夫妻本來感情融洽，但退休後整天在家大眼瞪小眼，反而選擇對簿公堂。

雖然我提倡「老」沒什麼特別之處，但畢竟隨著經驗的累積、生命盡頭的靠近，人的心理狀態、重心還是會有所不同。不少心理學家就針對高齡者的心理狀態進行深入的研究探討，最知名的大概就是艾瑞克森（Erik H. Erikson）的社會心理發展理論（注1），他把人生的發展分成九個階段，其中三個與成年人有關，有一個又特別與高齡者有關係：integrity vs. despair（自我整合 vs. 悲觀絕望）。根據他的理論，這個階段的人若能夠順利發展，就能夠隨遇而安、安享餘年；若不能夠順利發展，則可能悔恨舊事、鬱鬱寡歡。

心態二：沒有什麼是「應該」的

以前的人壽命不長，能夠活到六十歲的人都會受到敬重，特別是在傳統農業社會，長者是充滿智慧的象徵，備受尊崇。然而，隨著時代的變遷，高齡人口快速增加，不論是社會上的氛圍或是家庭中的氣氛都有了轉變，長者不再被捧在手心上，反而成為世代不公、既得利益者的代言人。

那些盲目幫長者貼上標籤的行為固然非常可惡，但長者本身也必須對於外在環境的改變有所自覺，並且嘗試做一些調整，至少做心態上的調整，以免發生衝突，例如在新聞中，我們常會看到有年輕人占用博愛座被長者嗆的事情。或許對於長者來說，要轉變心態不容易，但還沒有成為長者的你，有機會可以成為一位不偏執、有足夠包容性的長者！

即刻告訴自己：天下沒有白吃的午餐，沒有什麼是應該要發生的。社會上對於長者應該享有的權利義務，沒有任何一項是應該要發生的。這樣的想法或許過於悲觀，但若能夠抱持最低的期待，我們將會更珍惜那些「應該」的應該，就算沒有也不至於那麼沮喪。

去日本旅遊幾次，我印象非常深刻的一點，就是在電車上基本上很少會有人讓座給高齡者，而且不會有任何人用眼神或是言語施壓，要求要讓座給高齡者。當然一個可能的原因是高齡人口太多了，就算讓了一個位置也沒有用，所以大家就決定不要讓位了。但我更相信這是因為日本人的心態轉變了，他們知道高齡者非常多，必須選擇自立自強，民眾支持他們的自立自強是對於他們的肯定，而非不敬重。

現在的台灣，公車上就已經出現博愛座不夠坐的現象了，很難想像未來高齡人口達到百分之二十的時候（預估是二〇二六年），或是更高的時候（二〇六一年達到接近百分之四十），搭公車會是怎麼一回事。不過，在台灣大家很容易著重在自己短期的好處，而不是長遠的好處，所以要大家放棄這些「應該」得到的好處，真的是困難重重。日前，鐵血的台北市長柯文哲大幅刪減老人福利，也把敬老福利的年齡往上調整，就引起很多質疑的聲浪。貿然刪減社福資源，對於沒有收入的長者來說，的確造成很大的負擔，但是到底有多少人是屬於生活極度仰賴社福資源的人，那些講話大聲的人是否只是不高興自己又少了一些「應該」得到的好處呢？

如果我們不能夠痛下決心，告誡自己沒有所謂應該得到的好處，那麼我真的不知道社會福利資源還可以支撐多久。大家都在飲鴆止渴，不論是補助民眾裝假牙或是減免健保費用，抑或是繳幾年就可以領幾十年的國民年金都是如此。為什麼縣市政府不用提倡成年人的口腔保健，來取代高齡者裝假牙的補助？為什麼大家寧願去掛號看病，也不願意多照顧自己的身體呢？說穿了，多數的人其實都沒有想太多、想太遠，只想到現在過得去就好。俗話說船到橋頭自然直，真的是害死所有的人。

不論在台灣或是國外我們都會發現，越是樂天、惜福的長者，過得越開心。從這一刻開始練習心存善念、付出不計較回報、珍惜每一分別人對自己的好。養成這個習慣，等到老了、衰弱的時候，你會很感恩別人為你做的任何事情，而不是抱怨今天照服員搬動你的時候弄痛了你、女兒送來的餐點不合胃口。因為很重要，所以請務必提醒自己，這世界上沒有所謂「應該」的。

心態三：不要為自己設限

人真的是很奇妙的一種生物，大人會跟孩子說你應該要多嘗試，體驗不同的可能性，但多數的大人其實不願意改變、不願意離開舒適圈，孩子在沒有好的身教的狀況下，難道會願意去挑戰自己？

事實上，相較於孩子，成年人更應該自我提醒不要為自己設限。社會、家庭已經幫成年人設下重重的限制了，何必雪上加霜？是希望自己萬劫不復嗎？或許正值青壯年的你，有很多責任需要承擔，向下要照顧自己的孩子，向上要張羅父母的起居，所以你會覺得喘不過氣，沒有辦法不為自己設限。確實，多數的青壯年會覺得沒有辦法多做些什麼，或是保留一點時間給自己。不過只要有意願、動機，你絕對騰得出一些時間為你自己做一些什麼。年輕的時候就應該培養這樣的習慣，一旦有很多屬於自己的時間之際，就知道自己可以做些什麼。

國外有一個pomodoro技術，是將時間切割為以二十五分鐘為單位，然後自己估算完成一個任務需要多少時間，盡量要求自己在規畫的時間內完成任務。透過這個方式可以有效地管理時間，不知不覺中，每天就會多出不少時間可以休息或做點別的事情。大家也可以以此來練習，尤其是用於管理零碎的時間，不求一次要把一件事情完整完成，而是分次去完成，雖然感覺上好像要花很長的時間才能做完，但這些可都是原本會被浪費掉的時間，如今能夠用來達成什麼小小的成就都值得慶賀！

近年來，弘道老人福利基金會讓我們看到年齡絕對不會是成就任何事情的阻礙，不論是騎重機環島，或是學街舞、穿比基尼走秀，只要有心，就有人可以幫你圓夢。所以我們不需要為自己設任何的限制，認為到了一定年紀就只能夠窩在家裡被電視看。從現在開始，把你想成就的事情寫下來，這不是要寫什麼人生最後的遺願（bucket list），而是寫下當你有天不用為生活忙碌的時候，你想要成就哪些事情。

要寫這樣的清單沒有想像中那麼容易。太太有時候會問我對於老後生活的想像，我說我很難想像。除了很優雅地過生活之外，我可能會希望可以學會彈鋼琴。我不太會唱歌，也不喜歡唱歌，所以小時候音樂課的分數（或應該說是唱遊課）都不太好，自然對音樂也沒有太多好感。但我其實很喜歡聽音樂，直到學了直笛，我才發現自己的節奏感、音感其實很好。所以長大後其實有點小小抱怨爸媽，以前怎麼沒有逼我們去學鋼琴呢？雖然未來若要學鋼琴肯定難度更高，但畢竟我還有很多時間可以慢慢實現這個夢想。屬於你的夢想，又是什麼呢？

未來的我們有很高的機會能夠健康、無慮地生活好一陣子，請時時提醒自己要做夢，不要因為年紀大了，就忘了自己也有做夢的權利和義務！

注1：艾瑞克森（Erik H. Erikson）的社會心理發展理論亦稱為人格發展論，共分為八大階段，分別為嬰兒期、幼兒期、學齡前兒童期、學齡兒童期、青少年期（青春期）、成年早期、成年中期以及成年晚期。

第九章

CHAPTER 9

找到「自己」

在華人社會，多數人都活在別人的期待下：小的時候，活在父母的期待下；進入社會後，活在社會、主管的期待下。非常諷刺的是，那些活在別人期待下的，客觀生活條件通常比較好；但那些照自己方式過活的人，常常被認為是人生失敗組。可是，當社會、主管對你不再有期待的時候，你該怎麼辦？趁著那一天還沒有到來之前，我們真的需要認真去「找自己」。

第一個要找的：你愛的事物

要找到自己喜歡的事物有什麼困難的？聽起來簡單，做起來可不容易。我們很容易知道自己不喜歡什麼，但對於自己喜歡的就不是那麼肯定，甚至有時候會喜歡上自己原先以為會討厭的事物。從演化的觀點來看，知道不喜歡什麼確實比較重要，因為我們就不會浪費資源在那些事物上，然而那些喜歡的事物，因為我們會投注比較多的時間、精力，所以深思熟慮是必要的。

舉一個大家肯定很常遇到的例子，一群同事約了要去吃飯，就在一群人都沒想法之際，有人提了個建議，本來沒意見的一群人突然七嘴八舌地說：「這不好啦！……」原本沒有想法的一群人突然看似都有了想法，只是大家還是不知道要去哪裡吃飯，最後很有可能去一間大家最常去的餐廳，原因是那間餐廳最沒有爭議。從這個例子衍伸，你是否到同一間餐廳，每次都吃同一道餐點，而且不會想要嘗試其他的餐點呢？一方面是因為那份餐點真的很對你的味，但更有可能的是你不想去嘗試新的事物，因為你不能確保這個新的事物是否是好的。因為你只吃得下一份餐點，所以確保吃到自己喜歡的餐點是很重要的一件事情。

同理可證，當我們以為自己喜歡一件事物，是否只是因為懶惰，遇上一個自己喜歡的就覺得這個是自己最喜歡的，而不再繼續嘗試了呢？當然我不是鼓勵大家始亂終棄，看到一個更愛的，就要拋下那個原本愛的，而是應該時時保持一顆開放的心，不斷去嘗試、體驗新的事物。

以聽音樂為例子，我一直都很喜歡聽廣播，因為可以聽到一些不一樣的歌曲。現在上班的時候會聽串流音樂，雖然多數的時候會聽自己儲存的音樂，但我會提醒自己三不五時要嘗鮮一下，聽聽一些自己沒有聽過的聲音。不久前就因為spotify的推薦，聽到了大陸男歌手許鈞的歌聲，事後才知道他有一首火紅的歌〈自己〉。如果我一直選擇活在舒適圈，那我就沒有機會認識這樣的好聲音，所以也鼓勵大家多去做一些嘗試。

進入社會後，人們的時間都是非常有限的，如果還有老的、小的要照顧，那真的是很難騰出時間做自己喜歡的事情。但就如同上一章提到的，關於時間，自己絕對有最大的掌控權，所以請務必每個星期空一些時間給自己，寵一下自己，做一些有意思的探索。現代的人們非常幸運，因為網路的發達，無論對什麼有興趣、想學什麼技能，幾乎都可以透過網路上找到相關的資源。

第二個要找的：可以陪你到老的嗜好

除了找到自己喜歡的事物之外，也要培養一些可以陪自己到老的嗜好，這件事情非常地重要！除非你退休後，還必須再度找一個全職的工作，否則生活中會多出很多空閒的時間，如果沒有事先規畫，你很容易就會迷失，覺得人生沒有方向，若又缺乏人際互動，很快地憂鬱就會找上門。

該找什麼嗜好呢？基本上什麼都可以，只要是你喜歡且可以輕易維繫的嗜好。為什麼要說可以輕易維繫呢？因為我們難免懶惰、難免生活中太多瑣事，如果你的嗜好必須空出一整天的時間，全副武裝到一個深山中才能進行，這個嗜好有很高的機率沒有辦法陪伴你太久。這不是說不可以保有需要下點工夫維繫的嗜好，只是還需要有更現實的考量，甚至保持多個嗜好也是不錯的做法，有些是日常生活中就可以從事的，有些則比較費力，但一季可以溫習一次。

多數的嗜好應該都可以陪著大家到老，但人的身體、心理畢竟是會退化的，所以有些活動到了一個年紀時，著實不容易維繫。我一直記得大學時期的體育老師說，你們應該至少學打網球或是高爾夫球，因為這兩個運動比較不受年齡的限制，當然還有別的原因，在這邊就不贅述了。如果年紀讓自己沒有辦法從事曾經熱愛的事情，確實會讓人沮喪。所以，找一些不受年齡限制的嗜好，或是可以隨著身心機能的改變，做了調整後還能夠繼續參與的嗜好，都是不錯的做法。

我本身喜歡看電影，隨著年紀（或是人生歷練？）的改變，我發現看電影的品味是會改變的。年輕的時候，看的多半是小電影（大家別想歪，我指的是小眾電影），就是那種當年只會在真善美戲院上映的電影。不過，有了小孩之後，撇開帶兒子去看的中文配音電影之外，會傾向看一些比較輕鬆無腦的電影，這絕對是我年輕的時候會鄙棄的電影類型啊！除了電影類型之外，若能夠改變欣賞電影的方式，也會是非常棒的做法。三五好友在自家舒適地坐臥，可以放肆地閒聊，未嘗不是人生一大享受啊！我想退休後，我應該可以每週辦一場放映會，光想到這個念頭，就讓人小小興奮了一下。

雖然有些嗜好看起來不太適合高齡者，但隨著虛擬實境技術的發達，或許年齡完全不會是限制，任何想要做的事情如果現實中做不到，就透過科技虛擬體驗一下吧！國外早就已經有讓老人做虛擬實境體驗的方案，所以這絕對是精采可期的。

第三個要找的：自我的價值

第三個需要找到的東西相較於前兩個，就困難多了，然而卻可能是最需要被找到的。越早找到自我的價值，就會越有方向感，才不會因為外在環境、內在狀態的改變而亂了手腳。在強調個人榮耀的社會體制下，人們比較容易有明確的價值觀，例如美國就是一個很強調個人勝敗的社會，多數的人們都很清楚自己想要的東西是什麼。相對的，如果社會體制比較強調的是群體的盛衰、群體的和諧，那麼人們的自我價值可能就是很模糊的，只有跟隨領導、維持和諧社會等價值觀是明確的。

台灣有點介於兩者之間，一方面我們很重視群體，但因為近年來受到歐美文化的影響，也讓更多人看重自己的價值。不過華人畢竟還是一個崇尚群體和諧的民族，多數的時候我們必須以群體的價值為重，個人的價值沒有太多存在的必要性。當個人的價值與群體的價值不符合的時候，往往個人的價值都是被犧牲的那一個。不論是在生活中或是在政治上，我們都可以看到很多這樣的例子，人們為了大我犧牲了小我，甚至社會上會有比較大的聲浪提倡要為了大我而委屈小我。二〇一六年里約奧運的謝淑薇事件（注1）就是一個很好的例子，不過這個事件中，價值不符的一方最終沒有屈就，而是選擇分道揚鑣。

在這樣艱難的處境下，我們該怎麼找到自我的價值呢？這不是件容易的功課，也不是一蹴可幾的，我們必須認真地檢視自己的生活，找出哪些是讓你快樂、感到生命是有意義的元素，這些很有可能就是你的自我價值。有一個很重要的提醒：自我的價值沒有所謂對或錯，不需要因為外在的眼光就扭曲、壓抑了自我的價值，能夠接受自己認同的價值才是最重要的。

舉個例子，過去的我不太能夠接受利用別人的人，但我越來越能夠看清這樣的事情，反正只要我在答應別人要做某件事情的時候沒有吃虧，那就算事後覺得被占了便宜，也不需要感到難過。因為人和人之間的關係本來就是相互依存（或講得難聽一點，是相互利用），沒有所謂的公平，只有接受與不接受。所以我也會直接跟學生們說，我們都是彼此的過客，有緣相會，沒有緣分也沒有關係，就祝福彼此。多數的學生不太能夠明瞭，反而會覺得老師有點薄情，但人和人的相處本來就該如此，有些人就是比較有緣，有些人就是不投緣，沒有必要強求。

不過，看透自我價值真的是不容易的一件事，學生們都會戲稱：「老師你這個外國人，根本不管別人怎麼想的，你不能用你的角度來看事情啦！」我也承認，可能是家庭教育的關係，也可能是曾在國外住了一陣子，我的自我價值很清楚明確，也非常地愛恨分明。這樣的性格在台灣的社會不一定是討喜的，不過我知道這樣的狀態，也選擇為自己的價值觀負責，對我來說就是一種圓滿。

或許要在華人社會直率地保有與群體不一致的價值是件不容易的事情，但也可以取巧啊！誰說所有的價值觀都要坦露呢？不表達不見得表示你就同意別人的做法。只是如果你都不表達，有時候少數人大聲表達的意見就會被誤以為是多數人的意見，這點是比較令人憂心的。例如近年來關於退休金的爭議就鬧得沸沸揚揚，很多人都覺得自己若不表態就表示接受了社會上批評的聲音。這裡所指的自我價值倒比較不是那種要爭權奪利的價值，而是你自己看重的是哪些事物，所以，選擇不跟所有人揭露自己的價值觀，應該還是利多於弊的。

越早找到你的自我價值，並依循這個價值去過你的生活，不論年齡，都會活得很有方向感。若因為一些原因，你沒有辦法真實展露自己的價值觀，也要確保自己牢記自己的「真心」，不要因為時間而迷惘了。

注1：謝淑薇原本代表台灣參加奧運，但她認為受到網球協會不平等的對待，相關的辦法對她比較不公平。因為不是第一次發生這樣的事情，她覺得不能夠再次忍受，因此寧願放棄自己參賽的資格，也要將網協的處理方式像社會大眾公開。在謝淑薇正式退出奧運前，社會上就有不少聲浪，希望她可以為了大我而委曲求全。

第十章

CHAPTER 10

結交不同年齡的朋友

前幾個章節都鎖定在自己心境上的調整，接下來要給大家一些更務實的做法。第一個建議就是多交朋友，而且是任何年齡的朋友。

養兒防老已經過時

過去，人們退休後的生活大多是跟家庭有關係。其一是過去的家庭關係在人們的生命中扮演著比較重要的角色，其二是因為過去的人們老了以後通常比較衰弱，所以都是在家裡養病。但現在社會家庭關係有很多的轉變，和子孫輩同住的年長者也逐年遞減（雖然台灣長輩和晚輩同住的比例還是遠高於其他已開發國家）。另外，現在的人們多數在退休後仍然非常健康，雖然會有一些慢性疾病，但還是可以有一個很活躍的生活型態。

在這樣的狀態下，人們不僅可以仰賴家庭的社交支持系統，也可以維持其他的社交支持系統。有研究甚至發現，和自己的親情共處，好的、壞的都有，但是和朋友共處，好的會遠多於壞的，表示多花點時間精力和朋友在一起，對長者的心理其實是更好的。而且時代在轉變，人們對於要照顧、孝順長輩這件事情也有了不同的詮釋，很多人甚至說，現在五、六十歲的這一代可能是對父母孝順的最後一代。

未來，家庭關係的式微和孝道的消逝是必然會發生的狀況，如果你還寄望自己的老後是由晚輩來負責，那真的就是太為難自己了。子女不照顧父母這件事情，在美國是相當盛行的，父母也知道自己該為自己的老後生活負責，都會有所準備。當然這並不表示子女就會對父母不聞不問，只是不會像父母在自己小的時候那樣呵護自己、照顧自己的起居。早點調整自己的心態也會讓親子間的關係更和睦，有時候太長時間的相處反而容易使關係惡化，對雙方都不是件好事。

我在兩年前曾經有機會訪問一位九十幾歲的法國老太太，她自己一個人住在一棟兩層樓的住宅，我好奇問她為什麼不會想去跟兒子同住？她說她的兒子確實有希望她搬去跟他們住，但是她覺得在她自己的家她可以作主，但是到了兒子家，她勢必就要屈就他們的決定，與其讓彼此都感到為難，不如保持一點距離，偶爾見面反而是比較好的。我又問到，那如果臨時有什麼狀況該怎麼辦呢？她就說：「就靠麗莎啊！」麗莎是老太太的鄰居，三不五時會打電話給她問安，也會去她家詢問她的需求。對老太太來說，她和麗莎是朋友間的互助，相較於跟兒子之間的請求，比較沒有壓力、也比較自在。因為朋友不若親人，如果朋友沒有辦法滿足自己的期待，也不會感到那麼地難過。麗莎也非常有情有義，出門度假前還會告訴老太太自己大概多久就會回來，若有什麼需要可以打電話找哪些人幫忙，讓老太太不要太擔心。從她們的互動中，著實驗證人到了老的時候，擁有朋友是非常重要的。

日前，家母有位朋友開刀，結果最常去病房陪伴她的不是她的孩子，而是我母親。因為她的孩子正值青壯年、事業最忙碌的時期，又有孩子要照料，若要放下一切去照顧母親也是有些為難。暫且不評論這到底對或錯，但若身旁有人比較有閒暇可以陪伴，何必非得要一個忙碌的人放下他自己的事情來陪伴呢？特別是當自己的狀況沒有那麼危急的時候。我想這些看起來忤逆孝道的行為，都是我們需要先做好心理建設的，只要看得開就不會那麼生氣。現在仍有不少的長者因為思想還活在傳統的那個年代，對於孩子的漠視或是無法全天候的照料感到憤怒。未來的親子關係只會更淡薄，如果你選擇要走傳統的路，那受苦的恐怕是自己。

所以，與其期待能被孩子照料，不如幫自己多找一些新的家人，讓這些新的家人陪伴自己。在世界各地都已經有這樣的做法了！在日本，有一些無血緣關係的人們，雖然年齡不同，但居住在同一個屋簷下，這些人互相彌補彼此無法完成的事情，例如老的可以幫忙年輕的接送小孩、陪伴小孩；年輕的則可以提供老的一些照護、陪伴，彼此各取所需。日本也有業者建置平台，讓高齡者可以把家中的空房間出租給年輕人，年輕人可以以工代勞，也可以直接付租金。

除了日本，世界上還有不少地方也有越來越多把沒有血緣關係的人聚集在一起的做法，歐美也有團體發起讓跨年齡層的女性共同居住在一起，彼此扶持，目前已經橫跨多個國家。在美國，新創企業Silvernest提供一個平台讓中高齡者可以找到室友，除了可以做伴之外，也可以彼此照料。愛爾蘭起家的銀髮新創組織Freebird Club則是改良了Airbnb，讓中高齡者可以把房間租給中高齡的旅客，這樣的做法一方面鼓勵中高齡者出去旅遊，也促進了社交的可能性。

所以，交朋友真的是非常重要，年紀越大，越是要努力交朋友！

多結交跨年齡層的朋友

多數的時候，我們的朋友通常是年齡相仿的，除非你的工作屬性特殊，否則多數的人除了親屬之外，很少會有機會結交跨年齡層的朋友。雖然說年齡相仿比較能夠感同身受，頻率比較對得上，但只要保持一顆開放的心，多認識不同年齡層的人，絕對是好處多多的。事實上，世界上很多地區都有不少促進跨世代交流的活動，例如現在很流行的以陪伴換住宿，讓年輕人透過陪伴長者來換取免費住宿。也有安養中心提供免費住宿給年輕藝術創作者，但他們需要用藝術來回饋安養中心的住民，例如入住的音樂家就要定期為安養中心的長者舉辦音樂會。

跨年齡層的朋友，對我們來說有什麼好處呢？

好處一：知道「那些人」是怎麼想的

身在不同時代真的會有很多的差異，即使只差了五年，有可能成長的背景就會完全不同了，可是這些細微的差異平時並不是那麼容易被展現，而是一點一滴地形塑了那個年代人們的價值觀。在電影《我們的那時此刻》中，導演楊力州透過回顧國片帶我們去看台灣的轉變，當時我帶著我媽媽去看這部電影，看完之後，媽媽有很多感觸，彷彿年少時的回憶都回來了，又回到了看愛國電影、瓊瑤電影的那個年代。每個年代都有各自的時空背景、各自的社會氛圍，造成了每個年代的價值差異。

這幾年，台灣社會有很多價值觀的衝撞，從阿扁時期紅花雨活動，到近期的太陽花事件，都反映了不同世代價值觀的不同。不僅台灣，世界各地都是如此，二〇一六年六月剛落幕的英國脫歐公投也是一個很好的例子，年輕世代普遍選擇要留在歐盟，中高齡者多數選擇要脫離歐盟，雖然有些評論家認為中高齡者被騙了，但我更相信是每個世代的價值觀都不同，才導致這樣的差異，不需要太意外。

要了解不同世代最簡單的方法就是結交屬於那個世代的朋友，從和他們的互動與對話中就可以多了解他們的想法。但要切記尊重彼此的想法，而不是去引導別人相信自己的想法，如果對於他人的想法不尊重，馬上就會切斷溝通、對話的可能性，不論是對比自己年長或是比自己年輕的人，都應該要給予絕對的尊重。

除了世代的差異之外，年齡的差異也是我們無法忽視的。分享一個我印象很深刻的經驗，二〇一六年滾石唱片選了一些經典歌曲作為單元劇的主題，集結成「滾石愛情故事」。我在臉書上分享了幾個自己喜歡的故事，例如《最浪漫的事》、《寫一首歌》、《給我幸福》等等，有學生看了，就在我的臉書牆上留言回說：「看不懂讓人感動的點」。《最浪漫的事》講的是一對夫妻，丈夫的公司被掏空，他為了不讓深愛的太太受苦，選擇要離婚。他太太說：「如果這是你想到最好的方法，我會認真考慮的。」相信結過婚的人看到這裡都會非常動容，因為婚姻這檔事不是男女朋友交往，一時的不順遂就可以翻臉不認人，婚姻涉及的是兩個原本沒有血緣關係的人、兩個家庭，因此成為一體的一件事情。雖然在現代社會，離婚似乎稀鬆平常，離婚又再婚給同一個人的例子也不是沒有，但和情侶交往間的分分離離相比，還是少得多。太年輕的孩子沒辦法想像為什麼離婚有這麼了不起，他們會覺得這不就是大人版的分手罷了，然而事實上並非如此。

往回看，我們看到自己過去的紀錄片；往前看，我們看到自己未來的預告片。但因為沒有經歷過，對於預告片也只能驚歎，無法有太深刻的體驗。此時，如果有位看了這部電影的朋友來跟我分享，想必我會更清楚這部電影是怎樣的一個發展，也可能會更期待看到電影。

如果你常不解為什麼其他世代的人會有如此不同的想法，我鼓勵你一定要想辦法去結交不同年齡層的朋友。一開始或許不容易，但只要抱持一顆開放的心，年齡絕對不會造成隔閡。因為在大學任教，我常需要接觸比自己年輕很多的學生，也因為擔任他們的導師，所以有機會跟他們多聊聊，我很享受這樣的交流，雖然常會嘆息他們怎麼都聽不進去，怎麼這麼浪費自己的人生！前幾天我數落一位研究生：「你知不知道因為你犯的錯誤，讓自己浪費了三個小時！」他很自在地說：「老師，我知道啦！可是我還年輕啊！」後來想想，三個小時又怎麼樣？人生少了那三個小時，難道就會有所不同嗎？他其實幫我上了一課呢！

好處二：更能夠彼此照應

每個年齡層都有各自的難關，三十幾歲成家立業，五、六十歲開始需要擔起照料長輩的負擔，如果你都只有同年齡層的朋友，實在很難伸出那雙救援的手臂！舉例來說，如果你家中已經有兩個學齡前的孩子要忙，你大學時期的好朋友正好需要有人幫忙照顧兩個也是學齡前的孩子，試問你有能力、意願去幫忙嗎？別人無法幫忙，不一定是因為不願意幫忙，而是分身乏術，實在沒有辦法。倘若你的朋友有一些比較年輕的友人們，他們很樂意幫忙陪陪孩子，那就不用擔心一時找不到人來照顧孩子了。

如果你已經邁入老年，那擁有比你年輕的朋友更是非常重要。除了他們在你老了、病了的時候，更有能量來協助你之外，年輕的世代通常比較跟得上潮流，你就不會被這時代所淘汰了。我很慶幸自己在大學任教，總是有機會被年輕世代的想法灌溉，雖然滿多時候灌溉的不是肥料，而是一些奇怪的養分。這樣的感受在偷滑太太的臉書時更加深刻，通常很無腦的貼文在我的臉書上已經轉載了好幾輪，但她卻是好幾週後才會不小心看到一次。回過頭看，我對於這樣的灌溉是感恩的，也會時時提醒自己不要太「大人樣」，不然就沒辦法看到這些孩子真誠的樣貌了。不過歲月是不饒人的，越來越容易被學生說：「老師，你講的跟我爸媽講的一樣！」

在人生的路途上我還算滿有姊姊緣的，可能看起來就是個呆小孩，容易被姊姊們疼。在大學的時候，我常在學生輔導中心打混，幾位輔導老師們看我單身，都會不時鼓勵我。現在還在陽明大學服務的黃素菲副教授，還曾經耳提面命地說：「二十五歲前一定要談一場轟轟烈烈的戀愛啊！」算了一下，我好像剛好壓線，或許沒有轟轟烈烈，但這些貼心的提醒我可是都有放在心上。現在，這些姊姊們都還算健康，我能夠回饋的大概就是教一下怎麼使用所謂的高科技產品，至於未來的事情，就未來再說吧！

我在英國念書的時候，因緣際會陪伴了一位老先生約翰，約翰先生是個愛好藝術的英國人，無奈他的行動不是特別方便，我每個星期都會推著輪椅帶他到鎮上買點生活必需品，也陪他聊聊天。他本人也非常好學，所以我還教他怎麼使用電子信箱，怎麼用google搜尋，他對於在電腦螢幕上能夠看到這麼多的資訊感到非常讚歎，雖然做的事情沒有什麼了不起的，但是我想若從他的角度看，他應該很珍惜我的陪伴。要離開英國前，他還特別跟我喜歡的陶藝家訂製了一些東西要送給我，婚禮上也有朋友帶來了他的祝福。很可惜在我下一次到英國前，他就已經離開了，我有點懊悔自己沒有多透過網路來跟他保持聯繫，可以在他的生活中多一些陪伴。

如果有一天老了，有年輕小夥子可以陪自己逛逛、聊聊，我想應該是很不賴的。所以，從現在開始就多結交一些年輕的朋友，或是去當別人的年輕朋友。等到有一天你也需要年輕朋友的時候，就會有人來作伴了！

第十一章

CHAPTER 11

保養你的心智能力

想到心智能力的老化，很多人擔心的就是自己會不會哪天罹患失智症。我不想讓大家感到絕望，但失智症的兩大風險因子：年齡、基因，都是我們沒有辦法改變的。換言之，我們當然可以做很多事情來對抗失智症，但這些事情的效益可能都不如保持年輕，或是換些基因來得有效。雖然我們對失智症的兩大風險因子沒輒，但並不表示我們完全束手無策，還是有很多做法可以降低罹患失智症的風險。

撇開失智症的預防不談，降低老化對自己認知能力的影響是每個人都需要做的。有件事情我一直覺得很納悶，就是我們會注重飲食、運動，甚至會定期做身體健康檢查，因為希望有一個健康的身體，但為什麼我們不會注重要常動腦，檢視自己的心智能力呢？心智功能就和身體一樣，都是需要保養的，如果保養得宜，即使年紀大也還是可以保持頭腦清醒，不會有所謂「老番顛」的現象。

策略一：多動腦

保持身體健康最簡單的做法就是多運動，而要維繫心智能力，最簡單的做法就是多使用它。可是要如何多動腦呢？其實非常簡單，如果你的工作是比較具有挑戰性的，例如常常需要動腦，那你其實不用特別做動腦的練習，因為你的日常作息已經提供大腦足夠的刺激了。

在一些失智症的病人身上，我們也會看到用進廢退的證據，某些失智症的病人，有些心智功能有很好的維持。例如，我就曾經在失智老人的機構看到有失智症的長輩可以靈活地做加減法的運算，我相當訝異，事後詢問才知道，這位長者原本的工作和算錢有關，因為一輩子都在算錢，所以這個部分的能力維持得非常好，即使罹患失智症，也沒有因此喪失這部分的能力。

那到底要訓練哪些能力呢？這應該是所有人都感到好奇的一件事

情，特別是關心自己心智功能的人。有些人甚至認為常打麻將就好，保證呷百二。是否打麻將就足夠了?讓我們來看看。

迄今最龐大的認知訓練研究計畫是由美國發起的「Advanced Cognitive Training for Independent and Vital Eldery（ACTIVE）計畫」。在這個計畫中，他們分別訓練年長者的處理速度、推理能力和記憶力。會特別選擇這幾項能力也是有原因的，因為在研究老化對心智能力的影響中，這些能力特別容易受到老化的影響，接下來我們分別來談談這些能力，以及該怎麼做訓練。

處理速度

老了之後，肢體動作會變慢，腦子也轉得比較慢，相信大家對此都有同感，如果哪天遇到一位動作快的長輩，我們應該都會感到很驚訝。有些研究發現，如果排除處理速度的影響，年輕人跟年長者的心智能力表現其實是沒有顯著差異的，這凸顯了老化對處理速度的影響。

為什麼老化會對於處理速度造成影響呢？神經傳導物質的減少、神經元傳導的速度變慢等都是原因，也有研究者認為，年長者之所以處理速度變慢，不是一個結構性的問題，而是因為隨著年紀的增長，乘載的訊息量變大了，處理起來自然比較耗時。

不論成因是什麼，我們該怎麼訓練處理速度呢？在所有心智能力當中，處理速度算是最容易被訓練的，訓練的成效也可以有很好的維繫，以ACTIVE計畫的成果為例，十年後還是有幫助。任何限時反應或是競速的事情都可以訓練反應速度，例如大家都會玩的撲克牌遊戲「心臟病」，或是很久以前流行的「俄羅斯方塊」，都是很好的訓練。

我建議大家，盡可能找一個APP遊戲來訓練自己的反應速度，主要的原因有兩個：一、通常遊戲會逐步調整難度，這對於訓練心智能力來說是很重要的一個元素，如果難度沒有持續提升，訓練的成效就會停滯。二、APP遊戲通常會有一些維繫行為動機的做法，例如會獲得動章等等，這些都會讓我們比較有可能持續去訓練。

推理能力

雖然我們會認為年長者的決策能力怪怪的，但他們所做的決策不盡然就反映決策能力的退化，只是看重的元素與年輕人不同罷了。所以與其說是推理能力的訓練，不如說推理能力的訓練是要訓練他們活用自己的執行功能。執行功能就好比電腦的CPU一樣，是主宰大腦運作最重要的能力，負責規畫、資源分配等。

要訓練執行能力有幾個做法，例如同時間執行兩個任務。二〇一四年美國科學家Adam Gazzelely在科學雜誌（Nature）上發表了一個認知訓練的研究，在這個研究中，年長者必須一邊玩一個開賽車的遊戲，同時還需要注意畫面中央是否有某個特定的圖案出現。經過幾週的訓練，這些長者在各方面的能力都有明顯的提升，顯示執行能力的訓練是有潛力可以全方位提升心智能力的。

除了執行雙任務之外，也可以訓練自己的彈性，將東西做不同方式的分類就是一個簡單又有效的做法。例如拿一副撲克牌，首先可以照花色分類，接著照奇偶數分類，也可以根據是否為三的倍數分類。進行分類時，會涉及歸納、抑制的過程，對於執行功能也是非常棒的訓練。

記憶力

記憶退化相信是大家最有感的，不用等到自己變成所謂的老人，不少中年人就已有意識地發現自己的記性變差了。該怎麼訓練自己的記憶力呢？善用記憶策略是一個不錯的做法，我博士班的指導教授Alan Baddeley本身是記憶研究領域的超級大師，我被他指導的時候，他應該七十好幾了，他會在手帕上打一個結來提醒自己有一件該處理的事情。或許大家會覺得這個策略真的會有幫助嗎？單純靠在手帕上打一個結可能不一定會有效，但如果自己建立一套機制，例如會同步在筆記本上記下來該做的事情，那只要手帕上有打結，就會去看筆記本上的內容，這樣的做法就會非常有效了。

對於中高齡者來說，我覺得需要採取並進的兩種訓練，第一種訓練是傳統的記憶訓練，就是利用將訊息組織、建立記憶提取線索等方法來訓練自己的記憶。坊間有非常多的記憶遊戲都可以協助大家做這方面的記憶訓練，我和安人心智公司開發的「瑞智莊園」（注1）中也有一個記憶遊戲，非常適合中高齡者做訓練。

第二種訓練則是學習善用輔助工具，因為記憶的老化是很難完全避免的，若等到退化的時候才開始想到要使用輔助工具，可能有點遲了。有些人可能會有疑慮，常用輔助工具不就會變笨了嗎？其實不用這麼悲觀，應該想說，如果可以用這些工具來記憶，自己就有更多的容量去記憶其他的事情。心理學的研究也證實，「放下」，其實會讓我們記得更多的事情。在相關的研究中，讓實驗參與者把一個檔案進行存檔，光是這個動作就已大大提升日後的記憶表現。所以放下並不是遺忘的開始，而是讓你的腦子知道可以開始處理其他的訊息了。

利用這些輔助工具有一個很重要的法則，就是要建立一套自己的規則，並持續地演練，輔助工具才能發揮最大的效用。以我自己來說，大學時期開始使用紙本的行事曆，本來我有點抗拒轉成電子行事曆，但屢屢發生行事曆忘記帶的狀況，終於讓我痛下決心要用電子行事曆，這樣就可以隨時隨地都看到自己的行程。不過剛開始使用的時候還不習慣，有時會忘記把行程記載在行事曆上，因而錯過了時間。現在的電子行事曆功能非常多元，以google月曆來說，你可以設定事前提醒，google會自動推算到達目的地需要多少時間，提醒你幾時該出門。

除了使用輔助工具之外，若可以有系統地建立標籤制度，就能有效提升提取的效率。這一點我做的就沒有我太太好，只是有時候我還比她更快找到想找的資訊，只能說我大腦中的搜尋方式可能更強大一些。現在很多社群媒體都鼓勵大家用#註記，就能幫助用戶找到需要的資訊，所以，你我都應該練習把東西加上標籤，未來要尋找的時候就會便利許多。

打麻將有效嗎？

談了那麼多，我們再回過頭來談談要維繫心智能力，打麻將是否就足夠了呢？以我們剛剛提到的三種能力來說，跟打麻將最直接相關的就是推理能力，因為要做一些決策判斷，至於記憶力，就要看玩家有沒有認真地在記牌，除非是玩電腦版的麻將，否則一般情況是不會訓練到反應速度的。

所以，認真打麻將或許對於心智能力的維繫是有幫助的，而且打麻將也可以促進社交，是個很不錯的做法。我一直記得奶奶在世的時候，平常不多話、不太理人，唯獨在打麻將的時候才會比較放得開，也比較健談。當年或許因為常要陪她打麻將而有些怨念，在奶奶離世後，我們反而又有點懷念那些打麻將的夜晚呢！

我工作很忙碌了，還要做頭腦訓練嗎？

雖然一開始我提到如果你的工作是常需要動腦的，那就不需要特別訓練自己的頭腦。不過講真的，有誰的工作是能夠訓練到所有能力的呢？所以我還是會建議忙碌的你，每天空一點時間給自己，先搞清楚自己工作上有運用到哪些心智能力，針對沒有訓練到的部分來加強。當然要規畫你自己會感興趣的方案，例如，可能你平常的工作不太需要用到記憶力，你又很喜歡看棒球比賽，就可以拿棒球球員的名字來做記憶練習的素材。你可以製作圖卡做配對練習，也可以訓練自己記住每個球隊各有哪些球員，以及這些球員的背號等等。

總之，用進廢退是必然的道理，不論你現在幾歲、心智功能的狀態如何，如果想要心智功能有好的維繫，那就抽空幫自己做頭腦體操吧！

策略二：定期檢視自己的能力

除了多動腦之外，定期檢視自己的能力也是保養心智能力的重要策略。很可惜的是，對於離開校園的成年人來說，似乎沒有什麼方式可以檢視自己的心智能力。坊間的一些工具，例如幾年前風行的任天堂遊戲Brain Age，是一個可能的做法。推薦大家找一個會記錄自己表現的APP遊戲，持續檢視自己的能力。

在國外，有多家遊戲業者特別開發了維繫心智能力的遊戲，例如規模最大的Lumosity，就提供多個面向心智能力的追蹤。大家若有興趣，可以花一筆費用使用他們的平台服務，一方面做做頭腦體操，一方面也可以追蹤自己心智能力的表現。在台灣，資策會多年前有開發一個健腦中心平台，上面也有不少遊戲，比較可惜的是這些遊戲沒有持續更新，在心智功能追蹤上的服務也比較陽春。

我自己和大陸的安人心智公司也有推出一款在iPad上使用的遊戲「瑞智莊園」，這個遊戲除了提供心智功能的訓練之外，也有記錄的功能，大家也可以參考。其實同時期還有開發另一個更適合檢視心智能力的工具，不過目前僅限機構內部使用。大家可以持續關注「海馬指數」這款APP的發布動態，或許在不久的未來就會在APP Store上可以找到。

在市面上還沒出現系統性的工具之前，大家可以做的是找幾個訓練不同能力的遊戲，必須找有使用紀錄的遊戲軟體，定期利用這些遊戲來幫自己記錄。雖然短期看不太出差異，一旦時間久了，就可以看到自己的轉變，也可以在衰退加速的時候，及早採取一些介入方案。

其他做法

其實要維持心智能力，還有一些大家意想不到的做法，在這邊跟大家分享幾個做法：

運動

想到運動，大家或許只想到它對於生理狀態的幫助，事實上，運動對於心智功能的維繫也是非常有幫助的。即使美國國家衛生院對於運動的成效比較保守，他們仍認為運動能夠促進神經元的連結、學習記憶所需要的蛋白質。除此之外，研究也發現，運動對於心智能力已經退化的人來說效果更是顯著，所以中高齡者更是需要多運動。

要做什麼樣的運動才能對於心智功能有幫助呢？美國伊利諾大學Arthur F. Kramer教授在這方面有非常多的研究，從他的系列研究成果中可以發現，快步走路就能夠有效地刺激大腦，造成大腦結構上的改變。大家應該很想知道該走多快呢？在他們的研究中，快步走路是逐步增長時間、增加強度的，從一開始每次走十分鐘，一直到每次走四十分鐘；難度的部分，前七週的走路速度要達到最高心跳值的百分之五十到六十，之後的則要達到最高心跳值的百分之六十到七十五。最高心跳值的計算方式一般是兩百二十除以年齡，所以對四十歲的人來說，最高心跳值為一百八十，百分之五十到六十的範圍就是心跳每分鐘達到九十到一〇八次。

美國疾管局對於大家該做多少運動也有一些建議，他們建議每週要有一百五十分鐘的中度心肺運動，或是七十五分鐘的高度心肺運動。如果零分是靜坐時的心肺狀態，十分是做自己極限狀態下的心肺狀態，那中度就是在五到六分的時候，高度就是在七到八分的時候。除了心肺運動之外，他們也建議每週要有兩次的肌力訓練。

社交

談到社交，大家比較容易想到對於生活幸福感的影響，但事實上社交也對於心智功能的維繫是有幫助的。在國內外都有不少團體透過社交的方式來活絡長者的心智功能。在美國的奧德西計畫（注2）就是一個例子，他們將年長者與年輕人配對，每個團隊都需要共同解決一個難題，這些難題不一定有標準答案，關鍵在於團隊的互動與腦力激盪。參與奧德西計畫的年長者，多數覺得活動非常能刺激他們的思考，也讓他們有更多的社會參與。在台灣，揚生慈善基金會的自癒力推廣活動也有不少透過社交活動來刺激心智能力的做法。

仔細想想，要和其他人維持社交關係還真的不是一件容易的事情。要當一位好的朋友，需要記得朋友的喜好、彼此先前的互動（記憶力），也要避免把不對盤的人約在一起（推理能力），在和朋友聚會的過程也是一連串的刺激，這些對於心智功能的維繫都是非常有幫助的。

有一些研究實際去檢驗社交活動對認知能力的影響，結果多數發現社交活動對於大腦是有好處的，在男性身上尤其是如此。之所以會有這樣的性別差異，原因在於男性的社交生活比較容易受到老化的影響；女性，尤其是沒有全職工作的女性，社交生活基本上不太會受到老化的影響，所以較不容易看到社交活動對她們的助益。

那麼，大家該怎麼活絡自己的社交呢？還在工作的你，一定要記得結交一些職場之外的朋友，或是興趣相仿的朋友，才不會哪天退休了，社交支持系統就突然破了個洞。過去的研究就發現，如果退休後還能夠有社團活動參與的人，身心狀態都會比較好。如同第十章所提到的，多交一些跨年齡層的朋友也是非常推薦的做法，總之就是要廣結善緣，交友圈越廣越好。

冥想

冥想這個詞可能讓你覺得有點陌生，但如果說打坐、打禪，大家可能就比較熟悉了。大抵來說，冥想和打坐、靜默祈禱等宗教儀式是非常類似的，過去這些宗教儀式主要的用意是要讓人更容易跟神溝通，也讓自己的心可以比較平靜。但在這幾十年來變得非常火紅，主要是由於美國Richard Davidson教授找了達賴喇嘛以及其他喇嘛來做研究，結果發現這些喇嘛們的大腦活動和一般人有所不同，研究也發現，就算不是喇嘛，只要固定進行冥想的訓練，漸漸地大腦運作的方式也會和喇嘛們越來越接近，情緒上也比較不會有波動。近幾年，有人甚至戲稱「冥想治百病」！雖然沒有那麼誇張，但近年來確實有非常多的研究發現冥想的好處，舉凡記憶力、注意力、幸福感等等，都會因為從事冥想活動而有所提升。

那為什麼冥想會對於這麼多心智能力有幫助？很重要的一個部分就是執行功能的涉入，因為要能夠專注冥想，就必須要排除雜念、專注在一個狀態下，因此會持續刺激執行功能。如同先前提到的，執行功能的訓練對於心智功能的維持是非常重要的，因此冥想也對於心智能力的維持是有幫助的。除此之外，冥想也鼓勵大家去體驗當下，對於外在事物體驗的本身，也會刺激產生新的神經元連結。

那要怎麼做冥想的訓練？最簡單的做法就是自己在家中練習，現在坊間也有一些冥想訓練的影音素材，可以自己在家中練習。美國有業者開發特別的設備（wellbe）來幫助使用者養成冥想的習慣，他們也有提供冥想的線上課程。現在連iphone手機裡的內建APP，都把冥想（正念）當作健康的一個重要元素之一（另外還有運動、飲食、睡眠），只要深呼吸放輕鬆就可以算是在進行冥想作業了！

如果想要更專門一點，可以參加宗教團體舉辦的活動，例如禪坐、靜默祈禱等等，坊間也有一些在帶正念的工作坊，都是可以參考的做法。

注1：iPad遊戲APP「瑞智莊園」下載連結：http://apple.co/2irmB75
注2：Senior Odyssey Project：http://bit.ly/2i8uwZo

本章參考資料

1. ACTIVE計畫網站：http://bit.ly/2ieIpDb
2. 運動對大腦的好處：http://bit.ly/2hpm188
3. 美國國家衛生院老人所的運動平台：http://bit.ly/1OpQoZf

第十二章

CHAPTER 12

準備和自己道別

除了積極面對心老，也應該準備面對自己終究會離開人世這件事情。有些人在身體離世之前，可能就因為失智症等緣故失去了自我的意識，等於提前和自己的人生告別。近年來，有越來越多的素材探討面對死亡這件事情，二〇一六年春天在台灣上映的兩部電影《快樂道別的方法》、《最後一堂課》恰巧都討論了安樂死的議題。你有想過要怎麼和自己道別嗎？

列下你的遺願清單

電影《一路玩到掛》（The Bucket List）講的是兩位背景迥異、沒有交集的絕症患者，決定在離開人世前完成自己尚未完成的夢想。列下你的未盡事宜是個與自己人生告別的好方法。在英國念書的時候，我每次回台灣前就會準備好一個「必吃」的清單，利用短暫回國的時間，盡可能把清單上所有的東西吃過一輪。

因為有所欠缺，讓我知道哪些東西是我真正想念的，要建立這份「必吃」清單非常容易。但哪些是我們在離開人世後會想念的事情呢？幾乎沒有人有機會可以再活一次，所以要建立這份清單絕對不是一件容易的事情。利用我們對親友逝去後的思念是一個可能的做法，從他們的身上，我們或許可以想像自己會有哪些可能的遺憾。

有一次在飛機上，我意外選看了一部日本電影《人生最後那幾件事》，電影描述在鋼管舞廳工作的一行人因為車禍意外身亡，但是他們因為都帶有遺憾，所以沒有辦法離開人世，於是他們找上了那位釀成車禍的年輕人，要求他幫忙完成遺願，其中有些願望是大家比較能夠想像的遺憾，但也有一、兩個遺願是再平凡不過的，然而，越是平凡的那些遺願，反而可能是我們真正需要列在清單上的！

不過，如果不是真的感覺自己快要沒時間了，我們大概都很難產生一份好清單，並且好好地去實踐。相信每年的一開始，不少朋友都會列下來年度要完成的事情，到了年底又有多少真的完成了呢？多數的人大概是悔恨、懊惱多過於滿足，甚至有些期盼的事情在完成後並不如預期中的精采。即便如此，我還是要鼓勵大家列下屬於你的那一份清單，也盡可能去完成清單上面的事情，每年做一次檢核、修正。相信五年、十年過去後，你的清單會越來越明確，當然更希望各位清單上的內容越來越少，因為你已經完成此生想要完成的夢想了，可以隨時無憾地離開人世。

除了生前完成自己的心願之外，是否也有可能在生後請別人幫忙完成呢？英國電影《奔、奔、奔》（Burn, Burn, Burn）講的就是這樣的故事。男主角知道自己得了癌症即將離開人世，所以在生前錄下了一段影片，希望在死後跟他的兩位摯友分享。表面上兩位摯友是要幫已經離開人世的男主角把骨灰灑在四個不同的地方，因為這四個地方對他而言都是很重要的地點，但其實是男主角希望幫忙他的摯友們面對自己人生的課題，至於結局怎麼樣，就請大家自己找影片來欣賞囉！

留下你的痕跡

如果你時常使用社群網站，那你已經為自己留下了不少的痕跡，不少人都戲說，以後婚禮要播放的成長回顧直接從臉書製作就可以了。其實，告別式上的人生回顧也可以比照辦理就是了（笑）。

雖然用這樣的方式來留下自己的痕跡是一個非常省時省力的做法，但似乎又少了一點什麼。當下生活的紀錄是否就是你希望別人對你的追憶呢？如果當下的紀錄並沒有辦法精準掌握你所有的感受，那豈能只用這些東西作為你人生的寫照？

現在國內外都有業者推出撰寫回憶錄的服務，業者甚至拍胸脯說：「人生的十之八九我們都有所掌握，只要回答我們所提出的問題，就可以幫你產生一份回憶錄！」我自己在想，如果我要寫一本回憶錄，我才不要用這種方式來寫，就算拼了老命，我也要自己規畫、安排。當然，我可以理解對於寫作沒太多想法的長者，有些甚至已經不太有自我表達能力了，晚輩又希望幫長輩的人生做一個回顧，這樣的服務對他們來說就是非常方便的。

但是這樣留下來的究竟是關於長者的「傳奇」，還是「年代記事表」？我想多數的人都不是政商名流，沒有必要讓別人知道你在幾歲的時候成就了什麼大事業，你真正該留下的是你人生的體驗啊！

我印象很深刻的就是蘭迪・鮑許（Randy Pausch）教授（注1）在「最後的演講」中所分享的人生經驗。如果不是在人機互動領域的朋友，對於他的名字或許有點陌生，但你可能對於《最後的演講》這本書有點耳熟，甚至有可能看過這場演講的影片。《最後的演講》記錄了Randy Paush教授在得知罹癌後，跟大家分享了如何真正實踐你的兒時夢想，與其說是實踐夢想，其實是分享他對於人生的看法，只要你用對的方式來過生活，夢想自然就會實踐。相信有看過這場演講或是讀過這本書的朋友，一定都對他印象深刻，這無疑就是他為自己留下的痕跡。

除了人生經驗之外，你也應該留下一些東西給你愛的人。不論是電影《P.S. 我愛你》或是紅極一時的電視劇《十六個夏天》，劇中的主角都寫了信給自己的家人，彷佛自己還在身邊陪伴著他們。這樣的痕跡讓人感到很窩心，同時也很感傷，因為惦記自己的那個人已經不在身邊了。如果你不知道該怎麼留下痕跡，那就認真地寫些給親朋好友在未來可以打開的信件，讓他們知道你一直都在。

除了在不同的時間點提醒其他人，你還在另一個地方陪伴他們，是否也可以在不同的地點來提醒其他人，你還在陪伴他們呢？有日本業者推出了擴充實境的服務Spot message（注2），用戶可以在特定的地點留言給親人，有點像是玩精靈寶可夢要到特定地點去找神奇寶貝一樣，你的親朋好友可以知道你在哪些地方留言，他們只要到了那個地方就可以看到你的留言。我覺得這個做法很溫馨，因為在某些地方如果沒有某些人作陪，我們本來就會感到有點惆悵，現在若可以有這些預錄的影像陪伴，肯定會感到很窩心。

因為人生無常，沒有人能知道明天的此時此刻你會在什麼地方，你是否還有能力表達自己，所以如果有機會，就幫自己留下一些痕跡，不要一直告訴自己，等我幾歲的時候再說吧！現在寫遺言會不會太早了一點？其實一點也不早，留下這些痕跡也是對自己的一個提醒，提醒自己要怎麼好好珍惜還在人世間的日子。

日本有越來越多的長者選擇在生前舉辦告別式，道理也是一樣的，如果在狀態良好的情形下好好地跟親朋好友道別，那真是人生最幸福的事情之一。如果等到自己失智了、在病床上昏迷了，才由其他人幫自己舉行告別式，那就相當可惜了。台灣有一齣連續劇《遺憾拼圖》，講的正是一位想舉辦生前告別式的母親，希望可以在告別式那天和人生中還有遺憾的人相見，希望讓彼此都不再有遺憾。相信有看這齣連續劇的朋友對於生前舉辦告別式的意願應該都會大大提升！

珍惜當下

承接前面談到的，珍惜當下其實是跟自己道別最根本的做法，若能夠認真地過日子，就不會有什麼遺憾，也不用擔心自己是否沒有留下足夠的東西給未來會思念你的人。但珍惜當下看似簡單，做起來卻不容易，特別在充滿五花八門刺激的現代。最近在網路上三不五時會看到一張照片，照片中有一位老奶奶享受著當下的景致，但周遭的人們不是拿著相機，就是拿著智慧型手機忙著拍照。多數的我們都是那些拍照的人，而不是那位正享受當下的老奶奶，每次看到這個影像我都會提醒自己，與其拍下很多照片，不如好好地體驗當下。

現代人的生活步調太急躁，常常從A趕到B，希望可以做完所有的事情，殊不知每件事情都是蜻蜓點水，只做好表面工夫。相信不少人花了一、兩個小時排隊吃美食，結果卻只花了不到半小時就用完餐，我們究竟是在體驗美食，還是在體驗排隊？在追逐最多的同時，我們真的必須提醒自己，沒有所謂的最多，只有更多！所以，放慢你的腳步，慎選生活中你所需要的事物、體驗，不要再追逐「最多」。

注1：蘭迪．鮑許（Randy Frederick Pausch，一九六〇年十月二十三日～二〇〇八年七月二十五日），美國卡內基梅隆大學的計算機科學人機互動及設計教授。

注2：日本Spot message：http://bit.ly/2hO79RE

第十三章
CHAPTER 13

寫在最後

我記得大學時候的我覺得自己只要活到六十歲就好，現在其實也不太記得自己當年為什麼會有這樣的想法，可能是因為覺得超過六十歲後的生活就是充滿著病痛、孤單等的負面感受。但隨著年紀的增長、社會的變遷，以及自己踏入老人的相關領域，我深刻感受到六十歲真的不能算是老，甚至是自己第三人生的開始呢！

每個世代、每個人都有自己看待老後生活的想像，接近不惑之年的此時，因為看到台灣人口的快速老化、年金制度的崩解，只能期盼自己可以一直健康到老，不需要那平均七年的臥床時間。不過對我來說，這種期盼並不是一種出於無奈的選擇，而是一種深知當我們自己有這種期許時，才會督促自己要好好過日子，所以也算是一種夢想的實踐過程。

不過有點可惜的是，很多人想到老後生活時，包括我自己的一些親人，最容易想到的就是財富的規畫，要怎麼靠那點退休金過活。想當年我要進入輔仁大學的時候，其實也有機會去國立的大學，不過當時的機會不是一個確定的職位，只是一個階段性的職位，所以選擇進入輔仁大學。私立學校和國立學校除了軟硬體資源的差異之外，過去有一個很大的差異是退休金制度，不過這個差異性已隨著私校退撫金的產生漸漸縮小，有些老師甚至戲稱，我們這個退休金制度雖然不夠好，但因為最晚成立，條件最嚴苛，要倒的可能性也最低！

對於財富規畫這件事，我不能說自己不焦慮，健康險、殘服險、儲蓄險我都有買，但我更期待的是自己可以健健康康的，只要身體健康，我想財務的部分就不是太需要令人擔心的問題，即便退休金可能只是勉強滿足退休後的基本需求，但我希望也要求自己要保留一些兼職的工作，不論是打零工或是擔任無給職的志工，這些不是為了錢，而是為了讓自己可以持續和社會保持關聯性。

我認為我們更需要為自己做準備的其實是心理面向的需求！在前

面幾個章節講了很多，也有越來越多的先驅者體悟到現階段我們為了滿足人們的「心理需求」所做的事情真的太少。

我提醒自己也鼓勵大家要為自己做兩件事情：一、永遠當個有感情的人。情感除了豐富我們的人生之外，也是我們改變的動力，所以不論年紀，永遠提醒自己要當個有感的人，寧願情感豐富也不要無感。二、對自己的生命有所期盼。研究發現，人生有意義的人不僅心智功能維繫得比較好，也會活得比較久。當然不是為了活得好、活得久才要對生命有所期盼，而是人們本該時時對自己的生命有期盼，不論是大的或小的夢想，有夢並且逐夢，絕對是人生最美好的事情。

不論你現在幾歲，都邀請你跟我一起為自己的未來加油打氣，老後的旅途上，你並不孤單！

第十三章

寫在最後

心的年齡，你決定就算數

黃揚名　作者

張芳玲　〈熟年優雅學院〉總監、太雅總編輯
張焙宜　太雅編輯室主任
鄧鈺澐　主責編輯、本書宣傳企劃
葉馥儀　封面設計
陳恩安　美術設計

太雅出版社
TEL：(02)2882-0755　FAX：(02)2882-1500｜E-MAIL：taiya@morningstar.com.tw｜郵政信箱：台北市郵政53-1291號信箱｜太雅網址：http://www.taiya.morningstar.com.tw｜購書網址：http://www.morningstar.com.tw｜讀者專線：(04)2359-5819 分機230

出版者：太雅出版有限公司｜台北市11167劍潭路13號2樓｜行政院新聞局局版台業字第五〇〇四號｜法律顧問：陳思成律師｜印刷：上好印刷股份有限公司 TEL：(04)2315-0280｜裝訂：東宏製本有限公司TEL：(04)2452-2977｜初版：西元2017年05月01日｜定價：290元｜（本書如有破損或缺頁，退換書請寄至：台中市工業30路1號 太雅出版倉儲部收）｜ISBN 978- 986-336-173-2

Published by TAIYA Publishing Co.,Ltd.
Printed in Taiwan

國家圖書館出版品預行編目資料

心的年齡,你決定就算數 / 黃揚名作. -- 初版. -- 臺北市 : 太雅, 2017.05
面；　公分. -- (熟年優雅學院 ; 24)
ISBN 978-986-336-173-2(平裝)
1.老年 2.生活指導

544.8
106003162